生动形象的
中华歇后语

本书编写组◎编

SHENGDONG XINGXIANG DE
ZHONGHUA XIEHOUYU

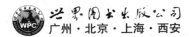

世界图书出版公司

广州·北京·上海·西安

图书在版编目（CIP）数据

生动形象的中华歇后语/《生动形象的中华歇后语
》编写组编 . — 广州：广东世界图书出版公司，2010. 4 （2024.2 重印）
ISBN 978－7－5100－2230－2

Ⅰ．①生… Ⅱ．①生… Ⅲ．①汉语－歇后语－青少年
读物 Ⅳ．①H136. 3－49

中国版本图书馆 CIP 数据核字（2010）第 070692 号

书　　　名	生动形象的中华歇后语	
	SHENGDONG XINGXIANG DE ZHONGHUA XIEHOUYU	
编　　　者	《生动形象的中华歇后语》编写组	
责任编辑	韩海霞	
装帧设计	三棵树设计工作组	
出版发行	世界图书出版有限公司　世界图书出版广东有限公司	
地　　　址	广州市海珠区新港西路大江冲 25 号	
邮　　　编	510300	
电　　　话	020-84452179	
网　　　址	http://www.gdst.com.cn	
邮　　　箱	wpc_gdst@163.com	
经　　　销	新华书店	
印　　　刷	唐山富达印务有限公司	
开　　　本	787mm×1092mm　1/16	
印　　　张	10	
字　　　数	120 千字	
版　　　次	2010 年 4 月第 1 版　2024 年 2 月第 13 次印刷	
国际书号	ISBN　978-7-5100-2230-2	
定　　　价	48.00 元	

前言

QianYan

　　读书可以陶冶性情,可以博采知识,可以增长才干,使人开茅塞、除鄙见、得新知、养性灵。书中有着广阔的世界,书中有着永世不朽的精神,虽然沧海桑田,物换星移,但书籍永远是新的。阅读撼人心弦的高贵作品,就如同亲炙伟大性灵的教化,吸收超越生老病死的智慧,把目光投向更广阔的时空,让心灵沟通过去和未来、已知和未知。

　　世纪老人冰心说过一句话——"读书好,好读书,读好书"。读一本好书,可以使人心灵充实,使人明辨是非,使人充满爱心,使人行为文明、礼仪规范;相反,如果读一本坏书,则可能使人变得心胸狭窄、不知羞耻、自私残暴。

　　我们为什么而读书? 大体有四种情况:一是为读书而读书,没有明显的目的;二是为了考上一所好大学;三是为了古人所说的"修身养性";四是为了中华民族的伟大复兴。

　　在这四种人中,第一种人是最可怜的,因其无理想、无奋斗目标。没有理想的人犹如无源之水、无本之木。在青少年时代就没有人生理想,这是最可怕的。第二种人目标明确,父母花了大价钱将其送进中学,就是为了考个好大学,将来奔个好前程。古人所说的"书中自有黄金屋,书中自有颜如玉",应是这类人的追求目标。第三种人读书,是为了"修身养性"。儒家曾把人生奋斗的目标定为三个层面七个字——"修身、齐家、平天下"。所谓"修身",就是陶冶个人情操、培养个人品质,做社会的一个优秀分子;所谓"齐家",就是说管理好家庭,甚至家族;所谓"平天下",就是说你若能"修好身、齐好家",

生动形象的中华歇后语

那么就把你的才华进一步发扬光大，用来治理社会，为社会做贡献。"修身"是儒家人为自己定的最基本的人生标准。这种境界也是相当不错的。第四种人读书，乃为立志成为社会的栋梁之材。约一个世纪以前，有一位南开中学的学生在回答老师为什么而读书的时候，充满自信地说出"为中华之崛起而读书"的誓言，并用毕生心智去实现他的诺言，赢得了全中国乃至世界人民的敬重和爱戴——他，就是我们敬爱的周恩来总理。

事实证明，读书决定一个人的修养和境界，关系一个民族的素质和力量，影响一个国家的前途和命运。一个不读书的人、不读书的民族，是没有希望的。

亲爱的同学，若你热爱生命的话，那就认真读书吧！书籍是全人类智慧的结晶、是人类进步的阶梯，书籍可以帮助你跟上时代的步伐，实现创新的梦想。"半亩方塘一鉴开，天光云影共徘徊。问渠哪得清如许，为有源头活水来。"通过读书，可以让你掌握知识、增强本领、敢于创新，可以给你智慧、勇敢和温暖，可以使你成为知识的富翁和精神的巨人，成为我们伟大祖国21世纪高素质的建设者。

目 录
MuLu

生动形象的中华歇后语

生动形象的中华歇后语

A

阿斗当官——有名无实

阿斗的江山——白送

阿斗式的人物——没能耐

阿奶抱孙子——老手

阿婆留胡子——反常

阿庆嫂倒茶——滴水不漏

挨鞭子不挨棍子——吃软不吃硬

挨踩的猪尿脬(膀胱)——瘪了

挨打的狗去咬鸡——拿别人出气

挨打的山鸡——顾头不顾尾

挨打的乌龟——缩脖子啦

挨打的鸭子——乱窜

挨刀的瘟鸡——难活命

挨刀的猪——不怕开水烫

挨了巴掌赔不是——奴颜媚骨

挨了棒的狗——垂头丧气

挨了打的夹尾巴狗——一副可怜相

矮梯子上高房——搭不上言(檐)

矮树杈子——成不了材

矮子踩高跷——取长补短

庵堂不叫庵堂——妙(庙)

庵堂里的木鱼——任人敲打

案板底下放纸鸢——飞不高

案板上的饼子——不敢(擀)

案板上的擀面杖——光棍一条

案板上的狗肉——摆不上桌

案板上的面团——任人欺压

暗地里耍拳——瞎打一阵

暗室里穿针——难过

暗中染布——照料不到

暗中使绊子——蔫(不声不响地;悄悄地)坏

肮脏他娘哭一夜——肮脏死啦

B

八卦炉里睡觉——热气腾腾

八卦阵里骑马——闯不出路子

八级油漆工——光图表面

八斤半的鳖吞了个大秤砣——狠心王八

八斤半的王八中状元——规矩（龟举）不小

八擒孟获——多此一举

八人抬轿七人到——缺一不可

八十公公耍猴子——老手

八十老人吹灯——上气不接下气

八十老头牵猴子——玩心不退

八十老头学打球——老练

八十老翁练琵琶——老生常谈（弹）

八十老翁娶亲——力不能及

八十老翁赛干劲——老当益壮

八十老翁学手艺——老来发奋

八十岁刮胡子——不服老

八十岁考状元——人老心不老

八十岁婆婆打哈哈——一望无涯（牙）

八十岁生儿子——代代落后

八十岁学摔打——拼老命

八岁娃娃要新娘——凑热闹

八抬大轿没底儿——丢人了

八五炮打兔子——得不偿失

八仙吹喇叭——神气十足

八仙桌缺只腿——搁不平

八月的花椒——龇牙咧嘴

八月的苦瓜——心里红

八月的石榴——合不拢嘴

八月的柿子——老来红

八月的丝瓜——黑了心

八月里的黄瓜棚——空架子

八月十五吃年饭——还早哩

八月十五吃元宵——与众不同

八月十五看龙灯——晚了大半年

八月十五卖门神——不是时候

八月十五生孩子——赶巧了

八月十五送鸡蛋——没这一理（礼）

八月十五无月光——不该咱露脸

八月十五蒸年糕——趁早（枣）

八月十五种花生——晚了

八丈长的袍子——慢慢拖

八字不见一撇——没眉目

巴掌心里长胡须——老手

拔葱种辣椒——一茬比一茬辣

拔河比赛——强拉硬拽

拔了塞子不淌水——死心眼

把皮鞋当帽子戴——上下不分

把人赶到墙根下——走投无路

把状元关到门背后——埋没人才

白脖子屎壳郎——有特色

白菜地里耍镰刀——散了心

白菜叶子炒大葱——亲（青）上加亲（青）

白鹅过河——各顾各（咯咕咕）

白骨精化美女——人面鬼心

白骨精她妈——老妖精

白开水画画——轻（清）描淡写

白毛乌鸦——与众不同

白面搋石灰——瞎搋和

白娘子遇许仙——千里姻缘一线牵

白糖拌苦瓜——同甘共苦

百尺竿头挂剪刀——高才（裁）

搬家丢了老婆——粗心

搬进大观园——都姓假（贾）

搬石头打天——自不量力

搬梯子上天——没门

搬着车轱辘（车轮）上山——硬干

斑鸠吃萤火虫——肚里亮堂

斑马的脑袋——头头是道

扳倒葫芦洒了油——一不做，二不休

扳倒是鼓，反转是锣——两面派

板凳倒立——四脚朝天

板凳爬上墙——怪事一桩

板凳上放鸡蛋——好险

板凳上搁窝窝头——有板有眼

板凳上睡觉——难翻身

板凳上玩麻将——扒拉不开

半边铃铛——想（响）不起来

半空中落大雪——天花乱坠

半空中放爆竹——想（响）得高

半空中开吊车——谢（卸）天谢

（卸）地

半空中抹糨子（糊糊）——胡
（糊）云

半空中骑马——腾云驾雾

半空中响锣鼓——名（鸣）声
远场

半拉瓜子——不算个人（仁）

半两人说千斤话——好大的
口气

半路上丢算盘——失算了

半路上留客——嘴上热情

半路上杀出个程咬金——出
了岔

半晌打不出喷嚏——干难受

半天云里踩钢丝——提心吊胆

半天云里掉口袋——装疯（风）

半天云里使锅铲——吵（炒）翻
了天

半天云里长满草——破天荒

半天云里做衣服——高才（裁）

半夜出门做生意——赚黑钱

半夜出世——害死（亥时）人

半夜鸡叫——不晓

半夜里看钟——观点不明

半夜里的被窝——正热乎

半夜里掘墓——捣鬼

半夜里梳头——出暗计（髻）

半夜聊天——瞎说

半夜起来烧水——渴急了

半夜弹琴——暗中作乐

半夜做梦娶新娘——尽想好事

扮猪吃老虎——大智若愚

膀子一甩——不干了

棒槌吹火——一窍不通

棒槌缝衣服——当真（针）

棒槌改蜡烛——粗心

棒槌里插针——粗中有细

棒槌敲鼓——大干一场

棒槌上天——总有一天落地

棒槌弹棉花——不沾弦

棒打鸭子——呱呱叫

蚌壳里取珍珠——谋财害命

包办的婚姻——身不由己

包脚布当头巾——高升到顶了

包脚布上飞机——一步（布）
登天

包脚上生虮子（虱子的卵）——
好角（脚）色（虱）

包脚布做鞭子——文（闻）不能
文（闻），武（舞）不能武（舞）

包脚布做围脖儿——臭一圈儿

包子张嘴——露馅

龅牙齿啃西瓜——条条是路

剥开的花生果——杀身成仁

抱元宝跳井——舍命不舍财

抱着茶壶喝水——嘴对嘴

抱着孩子拜天地——双喜临门

抱着黄连做生意——苦心经营

抱着木炭亲嘴——触一鼻子灰

抱着石头跳深渊——死不回头

爆米花沏茶——泡汤了

爆竹店失火——想（响）得心痛

爆竹掉进水里——不想（响）

背门板上街——好大的牌子

背着棺材上战场——往最坏处想

背着哈哈镜走路——不怕后人见笑

背着脚扣上梯子——多此一举

背着喇叭赶集——揽差事

背着灵牌上火线——要拼命

背着灵牌下火海——自取灭亡

背着米讨饭——装穷

背着棉絮过河——越背越重

背着牛头不认账——死赖

背着婆娘看戏——丢人又受累

背着算盘满街串——找仗（账）打

背着唢呐坐飞机——吹上天了

背着娃娃推磨——添人不添劲

北极的冰川——顽固不化

被虫子咬过的果实——未老先衰

被单补袜子——大材小用

被单里眨眼睛——自欺欺人

被单里眨眼睛——自骗自

被猎人追赶的金鹿——慌里慌张

被埋没的陶俑——难出头

被窝里的跳蚤——翻不了天

被窝里放屁——独吞

被窝里放收音机——自得其乐

被窝里挤眉弄眼——自己胡弄自己

被窝里抹眼泪——独自悲伤

被窝里磨牙——怀恨在心

被窝里洒香水——能文（闻）能武（捂）

被窝里伸出一只脚——你算老几

被窝里使眼色——自欺欺人

被子裹冰棒——包涵（寒）

背后藏茄子——有外心

背后施一礼——没人领情

背后捅刀子——暗里伤人

背集摆摊子——外行

背靠背睡觉——体贴人

背靠背走路——各奔东西

背时（倒霉）的媒婆——两头挨骂

背水作战——断了后路

背水作战——不留后路

鼻尖上抹黄连——苦在眼前

鼻尖上着火——迫在眉睫

鼻孔穿绳子——自谦（牵）

鼻孔喝水——够呛（够受的）

鼻孔里灌米汤——够呛

鼻孔里长瘤子——气不顺

鼻窟窿看天——有眼无珠

鼻梁上放菜刀——好险

鼻梁上放菜刀——冒险

鼻梁上挂眼镜——四平八稳

鼻梁上挂钥匙——开口

鼻梁上架望远镜——眼光远

鼻梁上架望远镜——目光远大

鼻梁上落马蜂——眼前受到威胁

鼻梁上推小车——走投（头）无路

鼻头上摆摊子——眼界宽

鼻头上挂炊帚——耍（刷）嘴

鼻头上挂蜂糖——干馋捞不着

鼻头上耍木偶——面上人

鼻子里灌醋——酸溜溜的

鼻子上挂秤砣——抬不起头来

鼻子上挂灯笼——明眼人

鼻子上冒烟——急在眼前

鼻子生疮——眼前就是毛病

鼻子下面挂电灯——闻名（明）

笔管里打瞌睡——细人

笔尖蘸石灰——净写别（白）字

笔筒里看天——眼光狭窄

笔头掉到面缸里——净写别（白）字

闭了眼和面——乱搋和

闭眼吃虱子——眼不见为净

闭眼放崖炮——瞎崩

闭眼撕皇历——瞎扯

闭眼听见乌鸦叫，睁眼看见扫帚星——倒霉透了

闭眼撞南墙——碰得头破血流

闭着眼睛鼓风——瞎吹

闭着眼睛哼曲子——心里有谱

闭着眼睛砍木头——胡批（劈）

闭着眼睛拉车——不看路线

闭着眼睛卖布——瞎扯

闭着眼睛摸田螺——瞎撞

闭着眼睛撒网——瞎张罗

闭着眼睛跳舞——盲目乐观

闭着眼睛跳崖——盲目冒险

闭着眼睛下围棋——黑白不分

闭着眼睛训话——瞎说

闭着眼睛走路——瞎摸

鞭杆做大梁——不是正经东西

鞭炮两头点——想（响）到一块了

鞭梢上拴两个蛤蟆——经不起摔打

鞭子抽耳朵——打听打听

鞭子抽耳朵——打听

鞭子抽蚂蚁——专拣小的欺

边吃苞米边闲谈——开黄腔

扁担吹火——一窍不通

扁担打跟头——先一头落地

扁担捣鸡笼——鸡飞蛋打

扁担倒了也认不出来——一字不识

扁担垫坐——不是久留之客

扁担窟窿插麦茬——对上眼了

扁担两头挂箩筐——成双成对

扁担搂柴——管得宽

扁担搁鸡蛋——好险

扁担上睡觉——难翻身

扁担腾空——诽谤（飞棒）

扁担挑彩灯——两头美

扁担挑柴火——心（薪）挂两头

扁担挑下水（牲畜内脏）——两头担心

扁担砸杠子——直打直

扁担做桨用——划不来

扁担做桅杆——担风险

扁鹊开处方——妙手回春

扁食（饺子）馅里搀砒霜——心里毒

扁嘴子（鸭子）过河——摸不着底

裱糊店里的纸人——一点就透

裱糊店里的纸人——一戳就破

裱糊匠开糟房（酿酒作坊）——酒少话（画）多

裱糊匠上天——胡（糊）云

裱画店失火——自己丢出话（画）来

鳖蛋上抹香油——圆滑

鳖蛋上抹香油——又圆又滑

蹩脚木匠的活儿——东一句（踞），西一句（锯）

瘪肚臭虫——要叮人

瘪瓜子——不诚（成）实

瘪粒的麦穗——头扬得高

瘪芝麻榨油——没多大油水

瘪嘴吹箫——走漏风声

冰雹砸荷叶——落花流水

冰雹砸了棉花棵——全是光棍

冰槽里冻黄瓜——干干脆脆

冰炭同炉——两不相投

生
动
形
象
的
中
华
歇
后
语

8

冰河上赶鸭子——大家耍滑

冰河上架屋——白搭

冰库里点蜡——洞（冻）房花烛

冰块掉进醋缸里——寒酸

冰凌调豆腐——难办（拌）

冰凌窝里打哈哈——冷笑

冰面上盖房子——不牢靠

冰山上画画——好景不长

冰上的爬犁——溜得快

冰糖葫芦——一串一串的

冰糖煮黄连——同甘共苦

冰糖做药引子——苦中有甜

冰天雪地发牢骚——冷言冷语

冰雪埋到肚皮上——凉了半截

病床上插牡丹——临死还贪花

病鬼开药店——自产自销

病好打太医——恩将仇报

病好打太医——以怨报德

病猫的尾巴——翘不起来

病人拍皮球——有气无力

病人遭雷打——天灾人祸

不搭棚的葡萄——没有架子

不倒翁得相思病——坐卧不安

不倒翁掉在算盘上——混账

不倒翁骑兔子——没有稳当劲

不倒翁坐车——不稳

不恨绳短，只怨井深——错怪

不会喝酒伴醉客——舍命陪君子

不敬东家敬伙计——认错了主

不开花的玫瑰——净刺

不啃骨头吃豆腐——吃软不吃硬

不能成亲仍相爱——藕断丝连

不熟的葡萄——酸得很

不熟的葡萄——酸气十足

布袋里装菱角——出嘴不出身

布袋里装菱角——奸（尖）的出头

布袋里装牛角——内中有弯

布袋里装牛梭头——内中有弯

布机上的棉线——千头万绪

布机上的梭子——去了又来

C

才输了当头炮——慌什么

才脱了阎王，又撞着小鬼——祸不单行

才子佳人结鸳鸯——好事成双

财神爷摆手——没有钱

财神爷打官司——有钱就有理

财神爷放账——无利可图

财神爷叫门——天大的好事

财神爷叫门——好事临头

财神爷摸脑壳——好事临头

财神爷要饭——装穷

财神爷穿烂衫——人不可貌相

财神招手——好事临头

裁缝搬家——依依（衣衣）不舍

裁缝打狗——有尺寸

裁缝的本事——真（针）好

裁缝的尺子——量人不量己

裁缝的手艺——认真（纫针）

裁缝摞（放下）剪子——不睬（裁）

裁缝没得米——当真（针）

裁缝铺倒闭——当真（针）

裁缝铺的衣服——一套一套的

裁缝师傅的包脚布——不是正经材料

裁缝师傅对绣娘——一个行当

裁缝师傅手中忙——穿针引线

裁缝师傅做衣服——有尺寸

裁缝绣娘——各干一行

裁缝做嫁衣——替别人欢喜

裁剪师傅的手艺——量体裁衣

踩高跷过吊桥——拿性命开玩笑

踩虎尾，踏春冰——危险

踩死蚂蚁也要验尸——过分认真

踩梯子摘星星——差天远

踩着矮凳子上房檐——够不着

踩着地图走路——一步十万八千里

踩着西瓜皮打排球——能推就推,能滑就滑

彩虹和白云谈情——一吹就散

菜刀切藕——片片有眼

菜刀剃头——太悬乎

菜地里围篱笆——没有不透风的墙

菜篮子装泥鳅——爬的爬,溜的溜

菜园里的辘轳——任人摆布

菜园里长狗尿苔——不是好苗头

菜籽落到针眼里——遇了缘(圆)

菜籽里的黄豆——数它大

参谋皱眉头——一筹(愁)莫展

餐桌上搁痰盂——不是个家伙

蚕宝宝吃桑叶——胃口越来越大

蚕宝宝拉稀——少私(丝)

蚕宝宝做茧——自己捆自己

蚕豆开花——黑了心

蚕儿嘴上长疮——没事(丝)

蚕爬扫帚——净找岔(杈)

蚕子变蛾子——要飞了

苍蝇采花——装疯(蜂)

苍蝇吃蜂蜜——沾上了

苍蝇吹喇叭——自不量力

苍蝇的世界观——哪里臭往哪里钻

苍蝇掉在奶桶里——扑腾不开

苍蝇叮狗屎——一哄而上

苍蝇叮鸡蛋——无孔不入

苍蝇叮菩萨——看错了人

苍蝇飞到牛胯上——抱粗腿

苍蝇飞进花园里——装疯(蜂)

苍蝇跟屎壳郎做朋友——臭味相投

苍蝇豁了鼻——没脸

苍蝇见粪堆——叮(盯)住不放

苍蝇进虎口——不够塞牙缝

苍蝇卡喉咙——恶心

苍蝇尥蹶子——小踢蹬

苍蝇落在蜜盆里——沾上了

苍蝇碰玻璃——看到光明无前途

苍蝇碰上蜘蛛网——脱不了身

苍蝇要灯草——死快活

苍蝇洗脸——假干净

苍蝇药不死人——恶心

苍蝇找地方下蛆——钻空子

苍蝇撞上癞蛤蟆——自送一口肉

苍蝇钻到瓶子里——处处碰壁

苍蝇钻茅房——沾腥惹臭

曹操败走华容道——兵慌马乱

曹操背时遇蒋干，胡豆背时遇稀饭——真倒霉

曹操割须——以己律人

曹操派蒋干——用人不当

曹操杀蔡瑁——上当受骗

曹操杀吕布——后悔已晚

曹操杀吕伯奢——将错就错

曹操下宛城——大败而逃

曹操遇马超——割须弃袍

曹操遇庞统——中了连环计

曹操做事——疑心重

草丛里的斑鸠——不知春秋

草袋换布袋——一代（袋）强似一代（袋）

草地上的蘑菇——单根独苗

草帽戴在膝盖上——不对头

草帽当钹（打击乐器）——没有音

草帽当锅盖——乱扣帽子

草帽破了顶——露头

草人过河——漂浮不定

草上露水瓦上霜——见不得阳光

草绳子拔河——经不住拉

草窝里扒出个状元郎——埋没人才

草鞋里面长青草——慌（荒）了手脚

草鞋上拴鸡毛——跑得快

草鞋上镶珍珠——不值得

草鞋撞钟——打不响

草原上的疯骆驼——见人就撵（追赶）

草原上点火——着慌（荒）

草原上放牧——漫无边际

厕所顶上开窗子——臭气冲天

厕所里的茅缸——装死（屎）

厕所里开店铺——离死（屎）不远了

厕所里寻灶王——找错了地方

厕所里寻灶王——搞错地方了

厕所里照镜子——臭美

厕所里埋地雷——激起公愤（粪）

厕所门口挂绣球——臭美

厕所里立牌坊——好大的臭架子

茶杯里的胖大海——自大

茶杯里的胖大海——自我膨胀

茶杯里放块糖——寿命不长

茶馆里伸手——胡（壶）来

茶壶里打伞——支撑不开

茶壶里的风暴——大不了

茶壶里开染房——不好摆布

茶壶里泡豆芽——受不完的勾头罪

茶壶里烧炭——一肚子气

茶壶里喊冤——胡（壶）闹

茶壶里贴饼子——无法下手

茶壶里洗澡——扑腾不开

茶壶里下挂面——难捞

茶壶里下元宵——好进不好出

茶壶没肚儿——光剩嘴

茶壶煮牛头——下不去

茶几上摆擂台——踢腾不开

搽粉进棺材——死要面子

搽米汤上吊——糊涂死了

搽胭脂亲嘴——血口喷（碰）人

搽胭脂坐飞机——美上天了

拆房逮耗子——大干一场

拆房逮耗子——得不偿失

拆了大梁当长枪——大干一场

拆了的破庙——没有神

拆了茅房盖楼房——根子不净

拆了鞋面做帽沿——顾头不顾脚

拆庙搬菩萨——收摊子

拆庙打泥胎——顺手杀一刀

拆扫帚配破畚箕（簸箕）——物以类聚

拆袜子补鞋——顾面不顾里

拆屋放风筝——只图风流不顾家

拆屋唱戏——只图欢乐不顾家

豺狗子咬核桃——没吃着人（仁），倒咯了牙

豺狼披羊皮——冒充好人

豺狼披羊皮——充好人

豺狼头上找鹿茸——异想天开

豺狼头上找鹿茸——痴心妄想

豺狼头上找鹿茸——妄想

豺狼遭火烧——焦头烂额

馋嘴巴走进药材店——自讨苦吃

馋嘴巴走进药材店——自找苦吃

铲不掉的锅巴——死硬

嫦娥脸上长痣——美中不足

长白山的野人参——得之不易

长白山的野人参——越老越好

长虫（蛇）吃棒槌——直脖啦

长虫吃扁担——直棍一条

长虫吃鸡蛋——疙疙瘩瘩

长虫吃了烟袋油——浑身哆嗦

长虫斗仙鹤——绕脖子

长虫夺龙珠——异想天开

长虫过篱笆——光钻空子

长虫过乱石滩——绕来绕去

长虫过门槛——点头哈腰

长虫爬进枪筒里——难回头

长虫爬进枪筒里——回头难

长虫碰壁——莽(蟒)撞

长虫吞擀面杖——直棍一条

长虫吞筷子——难回头

长虫吞筷子——回头难

长虫吞针——扎心

长虫钻进鸟铳里——转不过弯来

长虫钻竹竿——好进不好出

长江大桥上钓鱼——差得远

长江大桥上钓鱼——差远了

长江后浪推前浪——一波未平,一波又起

长江黄河流入海——殊途同归

长江里的石头——经过风浪

长江里漂木头——付(浮)之东流

长脚蚊叮木脑壳——认错了人

长颈鹿脖子仙鹤腿——各有所长

长颈鹿的脑袋——突出

长颈鹿的脑袋——头扬得高

长颈鹿的脑袋——高人一头

长袍马褂瓜皮帽——老一套

长青藤搭在墙头上——难解难分

长青藤搭在墙头上——难分难离

长衫改夹袄——取长补短

唱大鼓的吞石灰——白说

唱旦的不涂粉——玩真本事

唱歌离了谱——不入调

唱京戏拉单弦——变了调

唱傀儡戏的提线——尽捉弄人

唱傀儡戏的提线——耍人哩

唱木偶戏的——尽捉弄人

唱皮影戏的跌跟头——丢人打家伙

唱青衣的顶着碾盘舞——费力不讨好

唱戏踩高跷——半截不是人

唱戏打边鼓——旁敲侧击

唱戏的挨刀——无伤大体

唱戏的穿龙袍——成不了皇帝

唱戏的穿玻璃鞋——名角(明脚)

唱戏的吹胡子——假生气

唱戏的点兵——名不副实

唱戏的掉眼泪——可歌可泣

唱戏的掉眼泪——装相

唱戏的抖三抖——假威风

唱戏的喝彩——自己给自己捧场

唱戏的胡子——假的

唱戏的教徒弟——幕后指点

唱戏的拿马鞭子——走人了

唱戏的骑马——走人了

唱戏的娶媳妇——空喜一场

唱戏的腿抽筋——难下台

唱戏的腿抽筋——下不了台

唱戏的卸了装——原形毕露

唱戏的摇鹅毛扇——冒充斯文

唱戏的摇鹅毛扇——假斯文

唱戏没主角——胡闹台

唱戏摸鬓角——假做作

抄着手过日子——等着饿死

抄着手过日子——懒死了

朝天铳走火——放空炮

朝天放炮——空想（响）

朝天泼水——成不了气候

朝天泼水——不成气候

朝天一箭——无的放矢

朝廷表态——一言为定

朝廷吃煎饼——均（君）摊

朝廷的太监——后继无人

朝廷放屁——官气臭人

朝廷老爷拾大粪——有福不会享

晁盖的军师——无（吴）用

炒菜的铲子——尝尽了酸甜苦辣

炒菜放油盐——理所当然

炒韭菜搁葱——白搭

炒面捏娃娃——熟人

炒面捏窝窝——捏不拢

炒熟的黄豆——难发芽

炒熟的虾米——红人（仁）儿

炒虾等不得红——性太急

炒咸菜不放盐——有言（盐）在先

车把势扔鞭子——没人敢（赶）

车把势扔鞭子——谁敢（赶）

车道沟里的泥鳅——掀不起大浪

车道沟里的泥鳅——翻不了大浪

车道沟里写诗文——不合辙

车工三班倒——连轴转

车沟里翻船——没有这事

车轱辘断了轴——滚开

车屁股安发动机——后劲大

车有车道，船有航道——各有各的路

车载千斤有地担——与我无关

车站的铁轨——条条是道

车轴卷乱麻——理不清

车走车道,马走马路——各行其是

扯裤子补补丁——堵不完的窟窿

扯铃扯到半空中——空想(响)

扯乱了的丝线——找不到头

扯乱了的线轴——找不到头

扯起风帆又荡桨——有福不会享

扯起眉毛哄眼睛——自欺欺人

扯起眉毛哄眼睛——自骗自

扯起眉毛哄眼睛——自己哄自己

扯秧子摘南瓜——两不耽误

扯秧子摘南瓜——两得其便

扯着胡子打秋千——谦虚(牵须)

扯着耳朵擤鼻涕——不对路数

扯着胡子打滴溜——嘴上功夫

扯着老虎尾巴——抖威风

沉香木当柴烧——用材不当

陈醋当酒喝——哭笑不得

陈谷做种子——难发芽

陈年谷子烂芝麻——不新鲜

陈胜扯旗——揭竿而起

陈世美不认秦香莲——喜新厌旧

陈世美打轿夫——不识抬举

陈世美犯法——包办(指包公办案)

陈世美娶皇姑——喜新厌旧

陈世美杀妻——忘恩负义

趁风扬灰——掩人耳目

趁圪台(小土丘)下马——自找台阶

趁热打铁——赶紧

趁热打铁——正在火候上

撑不开的伞——没骨子

撑船不用篙——放任自流

撑船不用篙——任其自流

撑船的老板——看风使舵

撑篙子进房门——直来直去

撑死鬼不坐席面——吃过那上面的亏

撑阳伞戴凉帽——多此一举

城隍出主意——诡(鬼)计多端

城隍的扇子——扇阴风

城隍丢斗笠——冒(帽)失鬼

城隍老爷发神经——鬼迷心窍

城隍老爷嫁女儿——鬼打扮

城隍老爷卖胡豆(蚕豆)——鬼吵(炒)

城隍老爷娶妻——抬轿的是鬼,坐轿的也是鬼

城隍老爷剃脑壳——鬼头鬼脑

城隍老爷掷色子——净是鬼点子

城隍庙搬家——神出鬼没

城隍庙的菩萨——不怕鬼

城隍庙里出告示——吓鬼

城隍庙里打扇——刮阴风

城隍庙里的小鬼——大小是尊神

城隍庙里的神——站就站一生,坐就坐一世

城隍庙里的算盘——不由人拨拉

城隍庙里挂弓箭——色(射)鬼

城隍庙里讲故事——鬼话连篇

城隍庙里聚会——净是鬼

城隍庙里卖假药——骗鬼

城隍庙里冒烟——点鬼火

城隍庙里卖麻布——鬼扯

城隍庙里闹内讧——鬼打鬼

城隍庙里玩魔术——鬼花招

城隍奶奶烧柴灶——鬼火直冒

城隍娘娘怀孩子——怀鬼胎

城隍婆坐月子——养神

城隍爷不穿裤子——羞死鬼

城隍爷打糍子(糨糊)——糊涂鬼

城隍爷掉井里,土地爷扒头看——劳(捞)驾不起

城隍爷躲债——穷鬼

城隍爷脚上长草——慌(荒)了神

城隍与玉皇——有天地之别

城隍找土地爷闲谈——神聊

城隍皱眉头——净是鬼点子

城隍皱眉头——鬼点子多

城楼上的雀儿——耐惊耐怕

城门口的砖头——踢出来的

城门楼上乘凉——好出风头

城门上的麻雀——见过大世面

城门楼上的哨兵——高手(守)

城门楼上吊大钟——群众观点

城门楼上挂猪头——架子不小

城门楼上挂猪头——好大的架子

城墙上点烽火——告急

城墙上赶麻雀——白费工夫

城墙上赶麻雀——白费劲

城墙上赶麻雀——枉费工

城墙上挂钥匙——开诚(城)相见

城墙上拉屎——出臭风头

城墙上骑瞎马——冒险

城墙上骑瞎马——危险

城头上吊帘子——没门

城头上放风筝——出手高

城头上盖城楼——底子空

城头上挂猪肝——少心没肺

城头上跑马——转不过弯来

盛酒的葫芦——度(肚)量大

程咬金的斧头——就那么几下子

程咬金的斧头——有两下子

程咬金的斧头——乱杀乱砍

程咬金的斧头——两面吹

程咬金的斧头——头三下厉害

程咬金的三斧头——虎头蛇尾

程咬金做皇帝——不耐烦

乘火车看外景——大有倒退之势

乘字底下丢了人——真乖

秤杆打人——有斤两

秤杆掉了星——不识斤两

秤杆上的定盘星——从零开始

秤杆上的准星——分得出斤两

秤杆与秤砣——密不可分

秤钩吊在屁股上——自称自

秤钩子钓鱼——捞不着

秤砣掉井里——硬到底

秤砣掉在厨柜里——砸人饭碗

秤砣掉在鼓上——不懂(扑通)

秤砣过河——不服(浮)

秤砣落水——不服(浮)

秤砣吞进肚——贴(铁)了心

秤砣砸核桃——看他硬到几时

吃霸王的饭,给刘邦干事——不是真心

吃罢黄连劝儿媳——苦口婆心

吃豹子胆长大的——凶恶极了

吃冰棍拉冰棍——没话(化)

吃冰棍舍不得扔棒棒——小气鬼

吃不了兜着走——自担责任

吃炒面哼小曲——含糊其辞

吃灯草灰长大的——说话没分量

吃豆腐长大的——嘴松

吃豆腐渣长大的——嘴松

吃点心抹酱油——不对味

吃多了安眠药——不省悟

吃蜂蜜说好话——甜言蜜语

吃狗肉喝白酒——里外发烧

吃瓜子吃出虾米来——什么人(仁)都有

吃挂面不调盐——有言(盐)在先

吃罐头没刀——不好开口

吃过黄连喝蜜糖——苦尽甜来

吃过午饭打更——不是时候

吃过午饭打更——为时过早

吃过晌午搭早车——赶不上趟

吃红薯蘸蒜汁——各对口味

吃黄瓜蘸雪——乏味

吃鸡蛋不拿钱——混蛋

吃鸡蛋噎脖子——进退两难

吃饺子不吃馅——调（挑）皮

吃荆条屙箩筐——生编硬造

吃烤山芋——又吹又拍

吃烤山芋——吹吹拍拍

吃口樱桃肉塞了嗓子眼——小心眼

吃辣的送辣椒,吃甜的送蛋糕——投其所好

吃辣椒屙不下——两头受罪

吃辣椒喝白干——里外发烧

吃狼奶长大的——凶恶极了

吃烙饼卷木炭——黑心肝

吃烙饼卷木炭——心肠黑

吃了白糖吃冰糖——乏味

吃了包子开面钱——混账

吃了豹子胆——胆子不小

吃了不害臊的药——没脸

吃了不害臊的药——不知羞耻

吃了蚕茧——一肚子私（丝）

吃了抄手吃馄饨——一码事

吃了豆腐渣——散了心

吃了定心丸——做事踏实

吃了饭就砸锅——不干了

吃了隔壁谢对门——搞错了

吃了辣椒啃甘蔗——嘴甜心辣

吃了虎豹的心肝——好大胆

吃了虎豹的心肝——好大的胆子

吃了黄连吃甘草——先苦后甜

吃了鸡下巴——爱搭嘴

吃了蒺藜豆——扎心

吃了开心药——合不拢嘴

吃了开心药——咧开了嘴

吃了雷公的胆——天不怕地不怕

吃了灵芝草——长生不老

吃了麻绳子——尽说长话

吃了煤炭——火气冲天

吃了蒙汗药——动弹不得

吃了迷魂药——不省人事

吃了鸟枪药——火气冲天

吃了砒霜的老母鸡——抬不起头来

吃了砒霜毒狗——害人先害己

吃了砒霜再上吊——心里有底

吃了砒霜再上吊——必死无疑

吃了三天斋就想上西天——功底还浅

吃了三碗红豆饭——满肚子相思

吃了烧酒穿皮袄——周身火热

吃了烧茄子——多心

吃了剩饭想点子——光出馊主意

吃了算盘珠——心中有数

吃了窝脖鸡——憋气

吃了喜鹊蛋——乐开怀

吃了线团子——心里结疙瘩

吃了蝎子草的骆驼——四脚朝天

吃了一包回形针——一肚子委屈(曲)

吃了一堆烂芝麻——满肚子坏点子

吃了一肚子账本——心中有数

吃了一肚子账本——肚里有数

吃了一筐烂石榴——满肚子坏点子

吃了一筐烂杏——心酸得很

吃了一团烂麻——心里乱糟糟

吃了鱼钩的牛打架——勾心斗角

吃了早饭睡午觉——乱了时辰

吃了猪肝想猪心——贪得无厌

吃萝卜喝烧酒——干脆

吃麻饼掉芝麻——免不得

吃麻油唱曲子——油腔滑调

吃馒头打嗝——霉气

吃米不记种田人——忘本

吃米饭拣谷子——挑剔

吃棉花拉线团——肚子有文章

吃棉花长大的——心软

吃面条找头子——多余

吃奶的娃娃——不知愁

吃奶娃娃当家——幼稚得很

吃内脏的虫子——心腹之患

吃辣椒烤火——周身火热

吃辣椒长大的水晶猴子——不光刁滑,肚里还辣

吃人不吐骨头——心狠手辣

吃人的东西坐大殿——豺狼当道

吃人的老虎拍照——恶模样

吃人饭拉狗屎——没有人味

吃桑叶吐丝——肚里有货

吃生萝卜的——说话干脆

吃生米的碰到嗑生谷的——恶人遇恶人

吃剩饭长大的——光出馊主意

吃虮子留后腿——小气

吃水不记掘井人——忘本

吃死老公睡塌床——懒婆娘

吃馊饭长大的——出不了好主意

吃窝头就辣椒——图爽快

吃豌豆咽鸡蛋——一个赛一个

吃乌龟皮——装王八孙子

吃稀饭泡汤——亲(清)上加亲(清)

吃稀饭泡汤——多余

吃稀糊糊游西湖——穷开心

吃咸菜蘸酱油——多此一举

吃咸菜长大的——尽管闲(咸)事

吃咸鱼蘸酱——多余

吃馅儿饼抹油——白搭

吃香蕉剥皮——吃里爬(扒)外

吃盐翻跟头——闲(咸)得慌

吃药用冰糖作引子——又苦又甜

吃一升的米饭,管一斗米的事——管得宽

吃油条蘸猪油——腻透了

吃鱼不吐骨头——说话带刺儿

吃斋的恶婆子——口素心不善

吃斋碰着月份大——倒霉透了

吃枣子不吐核——囫囵吞

吃着冰棍拉家常——冷言冷语

吃着甘蔗爬山——步步高,节节甜

吃着辣椒训人——说话带辣味

吃着黄连唱着歌——以苦为乐

吃着鸡,抓着鸭——贪得无厌

吃着梅子问酸甜——明知故问

吃着碗里瞧着锅里——贪得无厌

吃着油条唱歌——油腔滑调

吃猪肉念佛经——冒充善人

吃粽子蘸蒜泥——各对口味

池里的王八,塘里的鳖——一路货

池塘里的风波——大不了

池塘里的荷花——出污泥而不染

池塘里的泥鳅——掀不起大浪

池塘里的藕——心眼多

池塘里的藕——心眼不少

池塘里的鸭子——一对儿

池塘里摸菩萨——劳(捞)神

池中捞藕——拖泥带水

赤膊捅马蜂窝——蛮干;不惜血本

赤膊上阵——要大干了

赤膊钻进蒺藜窝——浑身是刺

赤脚戴礼帽——顾上不顾下

赤脚拜观音——诚心实意

赤脚的和尚——两头光

赤脚撵穿高跟鞋的——赶时兴

虫吃沙梨——心里肯（啃）

虫蛀的扁担——经不住两头压

虫蛀的大树——蔫坏

虫蛀的老槐树——肚里空

虫蛀的苹果——放到哪，烂到哪

虫子钻进核桃里——假充好人（仁）

崇祯皇帝上吊——盼谁谁不来，想谁谁不到

重打鼓来另开张——从头来

重阳节上山——站得高，看得远

宠了媳妇得罪娘——两头为难

冲瞎子问路——方向不明

冲瞎子问路——找错了人

冲着姑娘叫姑爷——认错了人

冲着和尚骂秃子——寻着惹气

冲着柳树要枣吃——故意刁难

冲着尼姑叫姑爷——看错了人

冲着姨夫叫丈人——乱认亲

抽大烟的说梦话——不过瘾

抽了脊梁骨的癞皮狗——扶不上墙

抽了架的丝瓜——蔫了

抽了筋的老虎——塌了架

抽香烟打吗啡——一码是一码

抽芽的蒜头——多心

抽烟不带火——沾光

抽烟烧枕头——怨不着别人

绸子布包鸡笼——外面好看里面空

绸子布包狗屎——臭名在外

绸子揩屁股——不惜代价

臭虫咬胖子——揩油

臭虫咬胖子——沾油水

臭豆腐擦鼻子——霉气

臭豆腐上撒大粪——臭上加臭

臭豆腐下油锅——有点香

臭水坑里的核桃——不是好人（仁）

臭袜子当手帕——亏你做得出

出水的虾子——又蹦又跳

出水的虾子——连蹦带跳

出水才见两腿泥——走着瞧

出膛的子弹——不会拐弯

出头的钉子——先挨砸

出土的春笋——捂不住

出土的甘蔗——节节甜

出头的疖子——好得快

出头的鸟——先挨打

出土的陶俑——总算有出头之日

出土笋子逢春雨——节节上升

出土文物——宝贝疙瘩

出污水沟又掉茅坑——真倒霉

出窑的石灰遭雨淋——四分五裂

初冬的薄冰——一戳就破

初二三的夜晚——处处不明

初七八的月亮——半边阴

初晴露太阳——重见天日

初升的太阳——光芒四射

初生的牛犊——不怕虎

初生的娃娃——小手小脚

初一的潮水——看涨

初一晚上走路——漆黑一片

初一夜里出门——处处不明

初一早上放鞭炮——正适时

厨房里打架——砸锅

厨房里的馋猫——记吃不记打

厨房里的垃圾——鸡毛蒜皮

厨子罢工——不想吵(炒)

厨子搬家——另起炉灶

厨子炒菜——添油加醋

厨子剥葱——扯皮

厨子的柜子——装昏(荤)

厨子解围裙——不干了

厨子拍屁股——坏了菜

厨师熬粥——难不住

厨师的围裙——揩油

锄头钩月亮——够不着

锄头刨黄连——挖苦

楚霸王举鼎——力大无穷

楚霸王困垓下——四面楚歌

楚霸王请客——凶多吉少

楚霸王种蒜——栽到家了

楚霸王自刎——身败名裂

楚河汉界——一清二楚

楚庄王理政——一鸣惊人

揣着明白说胡涂——装傻

穿背心戴棉帽——不相称

穿背心作揖——露两手

穿不破的鞋——底子好

穿草鞋打领带——土洋结合

穿草鞋戴礼帽——土洋结合

穿绸缎吃粗糠——外光里不光

穿钉鞋踩屋瓦——捅漏子

穿钉鞋外搭挂拐棍——双保险

穿钉鞋走钢板——走一路响一路

穿钉鞋走泥路——步步扎实

穿钉鞋走石子路——寸步难行

穿冬衣戴夏帽——不知春秋

穿冬衣摇夏扇——不知冷热

穿短袜着短裤——两头够不着

穿汗衫戴棉帽——不协调

穿紧身马褂长大的——贴心

穿孔的车胎——泄气

穿凉鞋带棉帽——顾头不顾脚

穿棉衣打扇——不知春秋

穿木屐干活——拖拖拉拉

穿木屐上高墙——胆战心惊

穿皮袄打赤脚——凉了半截

穿皮袄喝烧酒——正在热乎劲上

穿皮袄喝烧酒——里外发烧

穿皮袜子戴皮手套——毛手毛脚

穿破衫戴礼帽——不成体统

穿山甲拱泰山——攻（拱）不倒

床板夹屁股——有苦难诉

床单做洗脸巾——大方

床单做鞋垫——大材小用

床底下拜年——难出头

床底下吹号——低声下气

床底下打场——摊不开

床底下打拳——直不起腰

床底下的夜壶——离不得又见不得

床底下点蚊香——没下文（蚊）

床底下堆宝塔——高也有限

床底下翻跟头——碍上碍下

床底下鞠躬——抬不起头来

床底下练武——施展不开

床底下抡大斧——不好使家伙

床底下劈柴——撞大板

床底下晒谷子——阴干

床底下喂鹤——抬不起头来

床底下支张弓——暗箭伤人

床上的花枕头——置之脑后

床上放风筝——高也有限

床上铺黄连——困苦

床上失火——烧着屁股燎着心

床上耍花枪——打不开场面

床上杂耍——软功夫

吹灯拔蜡踩锅台——一切都完了

吹灯打呵欠——暗中出气

吹灯打哈哈——暗中作乐

吹灯裹脚——瞎缠

吹灯讲故事——瞎说

吹灯念鼓词——瞎叨叨

吹灯捉虱子——瞎摸

吹灯作揖——没人领情

吹笛的会摸眼，打牌的会摸点——各有本领

吹风机出故障——坏了风气

吹鼓手办喜事——自吹

吹鼓手抱公鸡——嘀嘀咕咕

吹鼓手的肚子——气鼓鼓

吹鼓手丢唢呐——吹不得

吹鼓手分家——一人一把号

吹鼓手赴宴——吃的胀气饭

吹鼓手排队——挨不上号

吹鼓手仰脖——起高调

吹火筒当晾衣竿——差得远

吹火筒当望远镜——眼光狭窄

吹火筒子——两头受气

吹火筒子当眼镜——慢慢看

吹火筒子当眼镜——眼光狭窄

吹糠见米——本小利大

吹喇叭的分家——挨不上号

吹喇叭响爆竹——有鸣有放

吹了气的死猪——胀起来了

吹灭灯挤眼——看不见的勾当

吹牛皮赚钱——无本生意

吹气灭火——口气不小

吹唢呐的腮帮子——胀起来了

吹唢呐的下乡——没事找事

吹糖人的出身——好大的口气

吹糖人的搭台子——买卖不大,架子不小

吹糖人的改行——不想做人

锤子炒菜——砸锅

锤子打钎——想(响)到一个点子上

锤子敲钉子——入木三分

春笋破土——天天向上

春天的草芽——自发

春天的雷,涨潮的水——留不住

春天的雷,涨潮的水——难久留

春天的柳树枝——落地生根

春天的萝卜——心虚

春天的猫——成双成对

春天的毛毛雨——贵如油

春天的蜜蜂——闲不住

春天的嫩韭菜——一时鲜

春天的石榴花——火红一片

春天的树尖——一天变个样

春天的杨柳——分外亲(青)

春夏秋冬——年年有

春汛的鱼虾——随大流

慈禧太后手下的光绪皇帝——有职无权

慈禧太后手下的光绪皇帝——当家不做主

瓷公鸡,玻璃猫——一毛不拔

瓷盘里的珍珠——明摆着

瓷器店里的老鼠——碰不得

瓷器店里的老鼠——打不得

此地无银三百两——不打自招

此地无银三百两——自己哄自己

刺苞林里的斑鸠——不知春秋

刺苞林里打石头——无牵无挂

刺苞林中的苦蒿——没人睬（采）

刺拐棒打狗——不顺手

刺拐棒弹棉花——越整越乱

刺拐棒作线板——难缠

刺槐做棒槌——扎手货

刺壳里挖栗子——棘手

刺猬的脑袋——摸不得

刺猬皮包钢针——里外扎手

刺猬在巴掌上打滚——碰到棘手事

刺猬钻进蒺藜窝——针锋相对

刺猬钻进丝线铺——纠缠不清

刺窝里摘花——无法下手

葱叶炒藕——空对空

葱叶炒藕——空空洞洞

葱叶炒藕——空洞

从恶水缸跳到茅坑里——越闹越臭

从发面团上拔毛——无中生有

从狗洞里爬出来的新郎——不走正道

从河南到湖南——难（南）上加难（南）

从火坑里爬出来的好汉——死里求生

从糠里能熬出油来——是把好手

从楼上摔下一筐子鸡蛋——没有一个好货

从门缝里看人——把人看扁了

从墓坑里爬出来的——死里求生

从石头里挤水——办不到

从污水缸跳到粪池里——越搞越臭

从席上跌地上——差不离

从小娇惯的公主——随心所欲

从盐店里闹出来的伙计——闲（咸）得发慌

醋厂里冒烟——酸气冲天

醋熘猪苦胆——又苦又酸

醋泡的蘑菇——坏不了

醋泡辣椒——又酸又辣

醋泡山楂——酸上加酸

醋瓶子打飞机——酸气冲天

醋坛里泡枣核——又尖又酸

醋坛子打酒——满不在乎(壶)

醋坛子里泡胡椒——尝尽辛酸

醋煮鸭子——身子烂了嘴还硬

崔莺莺患病——心病还得心药医

崔莺莺送郎——依依不舍

崔莺莺送郎——说不出的伤心

矬子看戏——听声

矬子里拔将军——短中取长

矬子爬墙头——巴不得

矬子爬墙头——想出人头地

矬子爬泰山——步步高升

矬子婆娘——见识低

矬子骑骆驼——上下两难

矬子骑骆驼——上下为难

矬子跳高——难通过

矬子坐高凳——够不着

D

搭房子封屋顶——铺天盖地

搭棚子卖绣花针——买卖不大,架子不小

搭人梯过城墙——踩着别人的肩膀往上爬

搭戏台卖酸枣——买卖不大,架子不小

褡裢背水——从前心凉到后心

褡裢背水——冷透心

褡裢背水——凉透心

打靶中靶心——不偏不向

打败的士兵——垂头丧气

打半边鼓——旁敲侧击

打抱不平的说理——仗义执言

打不完的官司,扯不完的皮——一言难尽

打不着狐狸弄身臊——自背臭名

打柴人回山庄——两头担心(薪)

打赤脚赶场——脚踏实地

打赤脚下田——靠脚力

打出来的口供——假的

打出枪膛的子弹——有去无回

打春的萝卜,立秋的瓜——变味了

打醋的进当铺——走错了门

打灯笼串亲戚——明来明去

打灯笼赶嫁妆——两头忙

打灯笼上门台——越来越高明

打灯笼做事——照办

打电报买快车票——急上加急

打电话作手势——看不见

打掉牙往肚里吞——忍气吞声

打断脊梁骨的癞皮狗——腰杆子不硬

打发闺女娶媳妇——两头忙

打翻了测字摊——不识相

打翻了的醋瓶子——酸气十足

打翻了的蜜罐子——甜滋滋的

打翻了的五味瓶——不知啥滋味

打个喷嚏吓死猫——赶巧了

打更人睡觉——做事不当事

打狗看主人——势利眼

打鼓不打面——旁敲侧击

打官司的上堂——各执一词

打呼噜听见放炮——吓人一跳

打坏了的玻璃瓶——废物

打火不吸烟——闷(焖)起来了

打火机点烟袋锅——土洋结合

打击乐伴奏——旁敲侧击

打架揪胡子——谦虚(牵须)

打架脱衣服——赤膊上阵

打开棺材喊捉贼——冤枉死人

打开棺材治好病——起死回生

打开蜜罐又撒糖——甜上加甜

打瞌睡的捡了个枕头——称心如意

打烂的暖水瓶——丧胆

打烂的油瓶——全倒光

打烂锅头——没得主(煮)

打烂门牙咽肚里——吃了哑巴亏

打了败仗的士兵——溃不成军

打了乒乓玩排球——互相推托

打了的鱼缸——四分五裂

打了盘子对碗沿——不对碴

打了瓶子洒了油——两头不落一头

打了兔子喂鹰——好处给了恶人

打猎捡柴火——捎带活

打猎人瞄准——睁只眼,闭只眼

打猎忘了带猎枪——丢三拉四

打马骡子惊——惩一儆百

打麦场上撒网——空扑一场

打鸟瞄得准——一目了然

打破脑袋不喊痛——充硬汉

打破脑壳充硬汉——活受罪

打起脸来演戏——粉墨登场

打枪不瞄准——无的放矢

打入十八层地狱——不见天日

打伞晒毛巾——一举两得

打扇抽烟——扇风点火

打水摇辘轳——抓住把柄了

打碎的盘子,敲烂的碗——对不起(齐)

打铁的榔头不乱敲——丁(钉)是丁(钉),卯(铆)是卯(铆)

打兔子捉到黄羊——捞外快

打完豺狗抓兔子——谁也跑不了

打蚊子喂象——不顶用

打下去的桩头——定了

打一巴掌揉三揉——假仁假义

打一巴掌揉三揉——虚情假意

打一拳头给个甜豆包——堵人家的嘴

打油的漏斗——没底儿

打油钱不买醋——专款专用

打鱼的烂网——千孔百疮

打鱼人回家——不在乎(湖)

打鱼赚钱抽大烟——水里来,火里去

打枣捎带粘知了——一举两得

打胀的皮球——一肚子气

打着灯笼闲谈——明说

打着灯笼偷驴子——明人不做暗事

打着火把拾粪——找死(屎)

打着火把拾粪——寻死(屎)

打着手电筒走夜路——前途光明

打着兔子跑了马——得不偿失

打针拔火罐——当面见效

打针吃黄连——痛苦

打肿脸充胖子——死要面子活受罪

打准腰部才罢休——正中下怀

打字机上的字盘——横竖不成话

打足了气的皮球——蹦老高

大白公鸡下花花蛋——太离奇

大白天里出星星——离奇

大白天的猫头鹰——睁眼瞎

大白天打更——乱了时辰

大白天打劫——明目张胆

大白天里抢劫——明火执仗

大白天遇见阎王爷——活见鬼

大鼻子的爸爸——老鼻子啦

大伯墓前哭爹——上错了坟

大草原上吹喇叭——想（响）得宽

大车拉煎饼——贪（摊）得多

大虫打哈哈——笑面虎

大虫头，长虫尾——虎头蛇尾

大船开到小河沟——搁浅

大船离港——外行（航）

大船漏水——有进无出

大船载太阳——勉强度（渡）日

大慈悲看观音经——求人不如求己

大葱装蒜——不露头

大道边上贴布告——路人皆知

大堤上磕头——为何（河）

大吊车吊灯草——轻巧

大吊车吊灯草——轻拿

大吊车吊灯草——不值一提

大吊车吊蚂蚁——轻而易举

大吊车吊小平板——稳拿

大豆榨油——上挤下压

大肚罗汉吹喇叭——一团和气

大肚子踩钢丝——铤（挺）而走险

大肚子走悬崖——铤（挺）而走险

大粪车出村——装死（屎）

大粪缸里练游泳——不怕死（屎）

大粪烧臭蒿——臭上加臭

大粪勺子舀汤——使（屎）不得

大风卷小雪——吹了

大风卷小雪——一吹就了

大风天吃炒面——难开口

大风掀走窝棚顶——一下子全亮了底

大风天卖炒面——满肚子泥

大缸里放针——粗中有细

大胳膊过膝——手长

大个子盖小人被——顾头不顾脚

大个子站在矮檐下——抬不起头来

大姑娘不识篦子——认输（梳）

大姑娘裁尿布——早作准备

大姑娘出嫁——又喜又怕

大姑娘穿花鞋——走着瞧

大姑娘当媒人——自顾不暇

大姑娘的长辫子——往后甩

大姑娘的长辫子——甩在脑后了

大姑娘的脊梁——女流之辈

生动形象的中华歇后语

（背）

大姑娘的脸蛋——摸不得

大姑娘的心事——摸不透

大姑娘上轿——头一回

大姑娘绣花——细功夫

大姑娘绣嫁衣——穿针引线

大姑娘坐花轿——迟早一回

大姑娘做嫁衣——闲时预备忙
时用

大姑娘做客——羞羞答答

大牯牛落井里——有劲使不上

大闺女出嫁——头一回

大闺女的辫子——置之脑后

大闺女的辫子——输（梳）定了

大闺女的荷包——花色多

大闺女的围巾——绕脖子

大闺女的鞋——花样多

大闺女买假发——随便（辫）

大闺女盼郎——朝思暮想

大闺女退婚礼——不谈了

大闺女相亲——羞羞答答

大锅里熬鱼——水里来，汤
里去

大海大洋里的小舟——不着
边际

大海的潮水——时起时落

大海翻了豆腐船——水里来，
水里去

大海里捕鱼，深山里打猎——
各吃一方

大海里荡舟——划不来

大海里黄花鱼——掀不起浪

大海里的水——到哪里哪里嫌
（咸）

大海里的水雷——一触即发

大海里的小船——风雨飘摇

大海里的鱼——经过风浪

大海里丢针——没处寻

大海里放鸭子——难收回

大海里放鸭子——收不回来

大海里下竿子——不知深浅

大海里行船——乘风破浪

大海里寻针——捞不着

大海里一片叶——漂浮不定

大海里捉鳖——不好捉摸

大海一滴水——渺小

大河边上的望江亭——近水
楼台

大河漂油花——一星半点

大胡子——难题（剃）

大胡子吃糖稀——撕扯不清

大胡子喝面汤——越吃越糊涂

大花脸扮小生——改行

大花脸的胡子——假的

大火报警——一鸣惊人

大火烧到额头上——迫在眉睫

大伙都唱一个调——异口同声

大鸡不吃碎米——看不上眼

大家闺秀不出门——没见过大场面

大家看电影——有目共睹

大江边的小雀——见过风浪

大江大海一浪花——渺小

大江里一泡尿——有你不多，无你不少

大街上的挂钟——群众观点

大街上掂杂碎——提心吊胆

大街上卖笛子——自吹

大街上相亲——一厢情愿

大镜子当供盘——明摆着

大卡车开进小巷子——难转弯

大卡车开进小巷子——转不过弯来

大老爷坐堂——吆五喝六

大理石铺路——大材小用

大理石压咸菜缸——大材小用

大理石做门匾——牌子硬

大狸猫伸懒腰——唬（虎）起来了

大力士绣花——力不能及

大力士耍扁担——轻而易举

大梁柁做文明棍儿——大材小用

大龙不吃小干鱼——看不上眼

大路边上裁衣服——自有旁人说短长

大路边上的碓窝（石臼）——人人用

大路旁的小草——有你不多无你不少

大麻籽喂牲口——不是好料

大马拉小车——有力无处使

大麦掉在乱麻上——茫（芒）无头绪

大麦糊煮玉米糊——糊里糊涂

大麦芽做饴糖——好料子

大蟒吃猪娃——生吞活剥

大门板做棺材——屈材

大门板做棺材——屈了材料

大门口的春联——年年有

大门口吊马桶——臭名在外

大门口挂灯笼——一对儿

大门口挂红灯——美名（明）在外

大门楼里放马桶——里外臭

大门楼里敲锣鼓——里外有名（鸣）声

大门上挂扫把——臊（扫）脸

大门上贴画儿——美名在外

大门外的砖——踢出来的

大米饭里搀芋头——混着吃

大年初一翻皇历——头一回

大年初一见了面——尽说好话

大年初一看历书——日子长哩

大年初一没月亮——年年都一样

大年初一生娃娃——双喜临门

大年初一贴福字——吉庆有余

大年初一做月子——赶在节上

大年三十的案板——家家忙

大年三十看皇历——没期啦

大年三十没月亮——年年都一样

大年三十晚上熬稀粥——年关难过

大年三十晚上卖门神——再迟不过了

大年三十喂年猪——来不及

大胖子穿小褂——不合身

大胖子骑瘦驴——不相称

大胖子跳井——落不下去

大胖子跳橡皮筋——软功夫

大胖子推磨——杜撰(肚转)

大胖子走窄门——自己跟自己过不去

大炮打麻雀——小题大做

大炮打麻雀——不惜代价

大炮上刺刀——远近全能对付

大炮上刺刀——蛮干

大炮筒子——不会拐弯

大巧背小巧——巧上加巧

大晴天晒山芋干——干脆

大热天吃炒豆——干干脆脆

大扫帚抵门——软顶硬抗

大鲨鱼不吃小虾——看不上眼

大衫布做坎肩——亏了材料

大勺碰小勺——想(响)到一块了

大少爷种田——大手大脚

大师傅熬稀粥——不在话下

大师傅拆灶——散伙(火)

大师傅打蛋——各个击破

大师傅的肚子——油水多

大师傅下伙房——来了内行

大师傅蒸馍——不到火候不开锅

大石头压死蟹——以势压人

大树底下晒太阳——阴阳不分

大树林里一片叶——有你不多,无你不少

大树上吊个口袋——装疯(风)

大水冲了龙王庙——自家人不

识自家人

大蒜苗当枕头——昏（荤）头昏（荤）脑

大蒜苗钻眼眼——冒充（葱）

大蒜调冻豆腐——难办（拌）

大太阳底下喝老酒——里外发烧

大头鱼背鞍子——跑江湖

大头针包饺子——露馅

大腿上把脉——不对路数

大腿上挂篷帆——一路顺风

大腿上挂铜锣——走到哪，响到哪

大腿上贴门神——走了神

大腿上贴商标——走到哪宣传到哪

大腿上长疔疮——走到哪坏到哪

大虾掉进油锅里——闹了个大红脸

大象吃豆芽——不够嚼

大象吃蚊子——无从下口

大象逮老鼠——有力无处使

大象的鼻子——能屈能伸

大眼筛子里捉黄鳝——跑的跑，溜的溜

大眼筛子盛米——一个不留

大雁吃莲秆——直脖啦

大雁和鹭鸶对歌——南腔北调

大爷和太爷——只差一点

大油烹鸡蛋——混（荤）蛋

大雨天上房——找漏洞

大丈夫的肚量——能屈能伸

大轴里套小轴——话（画）里有话（画）

大字丢了横——装人样

戴斗笠打伞——双保险

戴头笠亲嘴——差得远

戴斗笠亲嘴——对不上口

戴乌纱帽弹棉花——有功（弓）之臣

戴口罩亲嘴——隔着一层

戴红缨帽上树——红到顶了

戴了笸斗进庙门——想充大头鬼

戴墨镜上煤堆——一团漆黑

戴有色眼镜看人——有失本色

戴着帽子找帽子——糊涂到顶了

戴着面罩做人——其貌不扬

戴着墨镜倒骑驴——尽走黑道

单根青丝拴磨盘——千钧一发

单箭射双雕——一举两得

单枪匹马上阵——孤胆英雄

单扇门没有闩——硬顶

单身汉碰到和尚——尽光棍

单身汉跑江湖——无牵挂

胆小鬼坐飞机——抖起来了

胆汁拌黄连——苦上加苦

担子两头挂红灯——挑明

弹弓打飞机——差得远

弹弓打飞机——挨不上

弹子掉在铜锣里——响当当

当兵的垒灶——安营扎寨

当差的儿子打犯法的爹——公事公办

当官不坐高板凳——平起平坐

当和尚不撞钟——白吃

当红娘还包生崽——负责到底

当着老丈人唱淫曲——有眼不识泰山

当着阎王告判官——没有好下场

当了衣服打牙祭——顾嘴不顾身

当了衣裳买粉搽——穷讲究

刀尖上安翅膀——飞快

刀尖上打拳——站不住脚

刀尖上赌气——活不久

刀尖上翻跟头——不怕死

刀尖上过日子——危在旦夕

刀尖上抹手——好险

刀尖上抹手——危险

刀尖上耍把戏——不要命

刀尖上耍把戏——玩命干

刀尖上耍杂技——硬逞能

刀尖上跳舞——凶多吉少

刀劈毛竹——迎刃而解

刀劈毛竹——干脆利索

刀劈毛竹——一分为二

刀割韭菜——一茬一茬来

刀切大葱——两头空

刀刃上抹鼻涕——下不了手

刀剜黄连木——刻苦

导弹打飞机——同归于尽

导弹打飞机——跟踪追击

导火线上拴炸药——一触即发

倒了碾盘砸了磨——实(石)打实(石)

倒背手看鸡窝——不简单(捡蛋)

倒吃甘蔗——节节甜

倒吃糠葫芦——大头在后面

倒吊的腊鸭——一嘴油

倒骑毛驴——往后瞧

倒长的山藤——根子在上头

道士吹螺号——吓鬼

道士打醮——鬼使神差

道士的辫子——挽得紧

道士掉了令牌——没办法

道士进庙——找错了门

道士跳法场——装神弄鬼

道士舞大钳——少见(剑)

道士遭雷打——作法自毙

稻草包黄鳝——溜啦

稻草肚子棉花心——虚透了

稻草堆里找跳蚤——痴心妄想

稻草人跌跤——腰杆子不硬

稻草人放火——害人先害己

稻草人过河——不成(沉)

稻草人救火——自顾不暇

稻草绳子拔河——经不住拉

稻草绳子做裤腰带——尴尬

稻草弹被絮——不是正胎子

稻秆敲锣——不响

稻谷场上扬草——撒谎(荒)

稻田里的稗子——你算哪棵苗

稻田里盖猪圈——肥水不落外人田

稻田里拉犁耙——拖泥带水

稻子去了皮——白人(仁)儿

得阑尾动手术——除恶务尽

得牛还马——礼尚往来

登上山顶望平地——回头见高低

登太行望运河——远水不解近渴

登着软梯子上飞机——扶摇直上

登着梯子说话——高攀

灯草撑屋梁——做不了主(柱)

灯草搓绳绑野马——白费工夫

灯草赶苍蝇——软收拾

灯草拐棍——主(拄)不得

灯草灰咽肚里——说话没分量

灯草铺失火——没有救

灯草敲鼓——打不响

灯草烧灰——飘飘然

灯草套牯牛——动不得

灯草织布——枉费心机

灯草作琴弦——不值一谈(弹)

灯草作火把——一亮而尽

灯草作船篙——撑不开

灯蛾扑火——惹火烧身

灯里缺油——干熬

灯笼点蜡烛——心里亮

灯笼救火——自焚

灯笼失火——拉(蜡)倒

灯笼失火——露骨

灯笼照火把——亮对亮

灯笼做枕头——承受不起

灯影戏(皮影戏)里相媳妇——

一白遮百丑

灯影子(指灯影人)打店——人旺财不旺

灯影子擤鼻涕——假做作

灯影子作揖——下毒(独)手

凳子上钻窟窿——有板有眼

敌敌畏拌大蒜——又毒又辣

敌敌畏拌大蒜——毒辣

笛子吹火——到处泄气

笛子配唢呐——想(响)到一块

笛子配铜锣——想(响)到一块

地窖里聊天——说黑话

地皮上割草——不去根

地上栽电杆——正直

地毯上寻针——吹毛求疵(刺)

掂着点心上树——言之(沿枝)有理(礼)

掂着算盘上门——找人算账

掂着猪下水过独木桥——提心吊胆

点火的爆竹——一肚子气

点火就想开锅——性太急

点起火把作战——来明的

店铺里的蚊子——吃客

店铺前吊门板——好大的牌子

电灯泡上蹭痒痒——摩登(磨灯)

电灯泡上点香烟——其实不然(燃)

电灯照鹿头——名(明)角

电灯照墙角——名(明)角

电灯照在转弯处——名(明)角

电风扇的脑袋——专吹冷风

电话断了线——说不通

电话局的话务员——耳听八方

电话里谈恋爱——两不见面

电锯开木头——当机立断

电扇吹鱼网——漏风

电扇上伸双手——吹捧

电视机里放录音机——多想(响)了一层

电梯失灵——上下两难

电线杆穿大褂——细高挑儿

电线杆当筷子——无从下口

电线杆当套马杆——用材不当

电线杆挂灯笼——有名(明)的光棍

电线杆刻图章——大材小用

电线杆上安喇叭——想(响)得高

电线杆上绑鸡毛——好大的胆(掸)子

电线杆上插土豆——大小是个头

电线杆上吊暖壶——水平（瓶）高

电线杆挂邮筒——高兴（信）

电线杆上挂钟——想（响）得高

电线杆上拉胡琴——大老粗

电线杆上敲瓷瓶——站得高，想（响）得远

电线杆上晒衣服——好大的架子

电影里的夫妻——假的

电影里放电视——戏中的戏

电影里谈恋爱——假情假意

雕花的扁担——中看不中用

雕花匠的行头——动手就错（锉）

雕花匠做梦——想错（锉）了

吊扇下面拉家常——讲风凉话

吊死鬼搽粉——死要面子

吊死鬼搽胭脂——死要脸

吊死鬼打飞脚——不上不下

吊死鬼打花脸——色鬼

吊死鬼打媚眼——死不要脸

吊死鬼的裹脚布——死臭

吊死鬼瞪眼——死不瞑目

吊死鬼卖俏——死不要脸

吊死鬼耍大刀——死得屈来闹得凶

吊死鬼讨账——活该

吊死鬼照镜子——自己吓唬自己

吊桶落在井里——不上不下

吊着头发打秋千——不要命

掉进陷阱里的狗熊——熊到底了

掉下井的秤砣——扶（浮）不上来

掉在开水里的肥皂——滑得很

掉在油缸里的老鼠——滑头滑脑

跌倒还要抓把沙——不落空

跌到车道沟里喊救命——吓得不知深浅

跌下崖的汽车——翻了

钉耙戴斗笠——尖上拔尖

钉头碰着钻头——奸（尖）对奸（尖）

钉头碰着钻头——狠对狠

钉子锈在木头里——铁定了

顶大风过独木桥——担风险

顶风放屁——自己搞臭自己

钉掌敲耳朵——离题（蹄）太远

钉掌敲耳朵——不贴题（蹄）

丢掉了邮包——失信于人

丢下犁耙拿扫帚——里里外外

一把手

冬瓜大的茄子——不论(嫩)

冬瓜结到茄子地——走错了人家

冬瓜皮做瓢子——不争(蒸)气

冬瓜皮做帽子——滑头滑脑

冬瓜钱算在葫芦上——混账

冬瓜下山——滚了

冬水田里种麦子——怪哉(栽)

冬天不戴帽子——动(冻)脑筋

冬天吃梅子——寒酸

冬天吃葡萄——寒酸

冬天的芦苇——不死心

冬天的芦苇——秆黄叶落心不死

冬天的蚂蚁——不露头

冬天的泡桐树——光棍子一条

冬天的蚊子——销声匿迹

冬天的知了——一言不发

冬天的竹笋——出不了头

冬天喝凉水——寒心

东北的二人转——一唱一和

东边日出西边雨——道是无情(晴)却有情(晴)

东边下雨西边晴——各有天地

东耳朵进,西耳朵出——耳旁风

东方打雷西方雨——声东击西

东方亮下大雪——明明白白

东放一枪,西打一棒——声东击西

东西耳朵南北听——横竖听不进

洞庭湖吹喇叭——想(响)得宽

洞庭湖里的麻雀——好大的胆子

冻地皮上甩豆腐——稀巴烂

冻豆腐——难办(拌)

冻僵的长虫——要死不活

冻萝卜遇上铁叉——硬对硬

斗大的馒头——无处下口

斗大的铜铃——摇不响

斗大的线团子——难缠

斗大的字不识半口袋——睁眼瞎

斗笠出烟——冒(帽)火

斗笠穿孔——出头之日到了

斗笠掉在水里——冒失(帽湿)

斗篷烂边——顶好

豆饼干部——上挤下压

豆豉煮醋糟——不是滋味

豆腐板上下象棋——无路可走

豆腐拌腐乳——越弄越糊涂

豆腐拌芹菜——清清白白

豆腐炒韭菜——一清（青）二白

豆腐打鞋掌——不是这块料

豆腐挡刀——自不量力

豆腐挡刀——招架不住

豆腐店的买卖——软货

豆腐店开在河边上——水里来，水里去

豆腐店里的把势——靠压

豆腐店里的东西——不堪一击

豆腐掉灰堆——吹也吹不得，拍也拍不得

豆腐堆里一块铁——柔中有刚

豆腐炖骨头——有软有硬

豆腐耳朵——爱听谗言

豆腐坊的石磨——道道多

豆腐坊的石磨——团团转

豆腐坊掉磨子——没法推

豆腐架子——不牢靠

豆腐垒基脚——底子软

豆腐里捡骨头——无中寻有

豆腐脑儿挑子——两头热

豆腐脑洒地上——不可收拾

豆腐脑摔地上——一塌糊涂

豆腐烧猪蹄——软硬不均

豆腐身子——经不起摔打

豆腐丸子包鱼刺——软中有硬

豆腐椅子——不可靠

豆腐渣补锅——不牢靠

豆腐渣炒藕片——迷（弥）了眼

豆腐渣炒樱桃——有红有白

豆腐渣当糨糊——不沾（粘）

豆腐渣垫地基——底子软

豆腐渣垫鞋——不顶事

豆腐渣糊门——不沾（粘）板

豆腐糊墙——巴结不上

豆腐渣烙饼——和不起来

豆腐渣下水——轻松

豆腐渣蒸馒头——散了

豆腐渣装皮箱——冒充好货

豆腐嘴刀子心——嘴软心狠

豆腐坐班房——平白无故

豆腐做匕首——软刀子

豆腐做门墩——难负重任

豆腐做墙脚——根基不稳

豆荚抽筋——两头受制

豆芽拌粉条——里勾外连

豆芽包饺子——内中有弯

豆芽不叫豆芽——窝脖货

豆芽炒虾米——低头的低头，弯腰的弯腰

豆芽的一生——总受压

豆芽做拐杖——嫩得很

豆渣撒在灰堆上——不可收拾

读书人当兵——能文能武

读书人当兵——文武双全

独臂将军——有一手

独臂老人作揖——露一手

独臂照镜子——里里外外一把手

独臂做饺子——一手包办

独根灯草——一条心

独根灯草点灯——只有一个心眼

独根蜡烛——无二心

独根头发系磨盘——千钧一发

独脚凳——站不住

独轮车散了架——推不得

独木桥——难过

独木桥上唱猴戏——不要命

独木桥上唱曲子——心宽路窄

独木桥上扛木头——难回头

独木桥上跑马——危险

独眼看戏——一目了然

独眼龙赶考——一言(眼)难尽(进)

独眼龙骑单边马——只看一面

独眼龙相女婿——一目了然

独眼骡子换瞎马——越来越糟

独眼瞧西洋镜——一目了然

独眼相亲——一眼看中

独眼照放大镜——一目了然

毒日头下的雪人——快垮了

毒蛇出洞——伺机伤人

毒蛇见硫磺——浑身酥软

毒蛇爬竹竿——又狡(绞)又猾(滑)

毒蛇脱皮——恶习不改

毒蛇吐芯子——出口伤人

毒蛇牙齿马蜂针——毒极了

毒蛇钻进竹筒里——假装正直

毒蛇做梦吞大象——野心勃勃

毒蜘蛛织网——碰不得

堵塞的下水道——不通

堵塞的烟囱——憋气又窝火

堵住笼子抓鸡——稳拿

赌场里的赌棍——孤注一掷

赌场掷骰子——吆五喝六

赌气饭——不是好吃的

赌徒的嘴巴——尽说到点子上

赌徒手中的钱——留不住

肚里藏镰刀——割心肠

肚里吃了鞋帮——心里有底

肚里灌糨糊——糊糊涂涂

肚里喝了二斤老陈醋——酸气冲天

肚里吞金——有内才(财)

肚里容不得一根毛——心胸太小

肚里长瘤子——心腹之患

肚里长牙齿——心里狠

肚里装公章——心心相印

肚里装着冰坨子——说话冷冰冰硬邦邦

肚里钻进二十五只小耗子——百爪挠心

肚皮里安电灯——心里亮

肚皮里横门闩——不开窍

肚皮上割肉打牙祭——干不得

肚皮上磨刀——好险

肚皮上磨刀——危险

肚皮上贴膏药——心腹之患

肚皮贴在脊梁上——饿极了

肚脐眼贴膏药——贴心

肚脐眼插钥匙——开心

肚脐眼打电话——心腹之言

肚脐眼儿点灯——心照不宣

肚脐眼儿放屁——妖(腰)气

肚脐眼里藏书——满腹经文

肚脐眼里插冰棒——寒心

肚脐眼里打鼓——心里想(响)

肚脐眼里点眼药——心里有病

肚脐眼里灌铅——心里沉重

肚脐眼里灌汤药——心服口不服

肚脐眼里说话——妖(腰)言

肚脐眼里说话——谣(腰)言

肚脐眼里通电——心明眼亮

肚脐眼里生疮——坏透了

肚脐眼长笋子——胸有成竹

肚子里撑船——内行(航)

肚子里撑铁杵——直肠子

肚子里吹喇叭——心里想(响)

肚子里打灯笼——自己心里明白

肚子里磨刀——内秀(锈)

肚子里敲小鼓——心里扑腾

肚子里塞石头——心里沉重

肚子里吞擀面杖——直肠直肚

肚子里长草——闹饥荒

肚子里长疔疮——消化不良

肚子里长笋——胸有成竹

肚子痛擦红药水——不起作用

肚子痛怪灶神——错怪

肚子痛上眼药——点不到痛处

渡船过河——划得来

渡江烧船——断了后路

渡口上打转身——想不过

对镜子打躬——自己恭维自己

对空撒灰——害人先害己

对空射击——热火朝天

对聋子说话——白张嘴

对门吹笛子——斗气

对着靶子射箭——有的放矢

对着穿衣镜调情——自爱

对着穿衣镜作揖——自我崇拜

对着棺材唱大戏——死不听

对着棺材撒谎——骗鬼

对着棺材撒尿——欺侮死人

对着罐子吹喇叭——有原因（圆音）

对着锅底亲嘴——触一鼻子灰

对着镜子扮鬼脸——丑化自己

对着镜子练拳——自家人打自家人

对着镜子骂人——自己跟自己过不去

对着镜子伸拳头——自己吓唬自己

对着镜子说话——自言自语

对着镜子说漂亮——自夸

对着镜子做鬼脸——自己吓唬自己

对着灵牌说谎——哄死人

对着聋子打鼓——充耳不闻

对着牛嘴打喷嚏——吹牛

对着墙壁流泪——独自悲伤

对着墙壁走路——没门

对着桑树骂槐树——指桑骂槐

对着水缸吹喇叭——有原因（圆音）

对着王八批乌龟——正对号

对着舞台搞对象——一厢情愿

对着瞎子打俏眼——白费工夫

对着烟囱喊叫——说直话

对着砚台梳头——没影的事

对着影子打招呼——认错了人

对着张飞骂刘备——寻着惹气

对着赵云摔阿斗——收买人心

对阵下棋——纸上谈兵

碓窝（石臼）当帽戴——难顶难撑

碓窝里舂米——实（石）打实（石）

碓窝里打跟头——翻不了身

碓窝里放鸡蛋——求稳

碓窝里栽葱——根子硬

碓窝吞下肚——实（石）心眼

蹲在厕所写八股文——臭秀才

蹲在茅坑问香臭——明知故问

蹲在皮球里过日子——受尽窝囊气

钝刀子割草——拉倒

钝刀子割肉——靠的手劲

钝刀子砍豆腐——拣软的欺

钝刀子磨光——化不利为有利

钝刀子切藕——藕断丝连

钝刀子杀猪——靠的手劲

钝刀子斩乱麻——三长两短

钝镰刀割麦——拉倒

多臂观音——到处伸手

多吃了空心菜——操空心

多吃了盐巴——爱管闲(咸)事

多年的陈账——翻不得

多年的寡妇——老手(守)

多年的泡桐树——空心货

多年的朋友——老交情

多年的老马桶——口滑肚臭

多年的师傅——老把势

多嘴的婆婆——热心肠

躲鬼躲进城隍庙——出生入死

躲鬼跑进地府——出生入死

躲过棒槌挨榔头——祸不单行

躲了风暴遭了雨——祸不单行

躲雨躲到城隍庙——尽见鬼

躲在暖房的小偷——不寒而栗

躲在屋里洗脏衬衣——家丑不可外扬

剁不烂的牛肉调馅子——难办(拌)

剁了脚的螃蟹——横行不了几天

垛泥匠不拜佛——心里有底

垛塑匠不敬泥菩萨——谁不知道谁

E

峨眉内功少林拳——练出来的

峨眉山上的佛光——看得见,摸不着

峨眉山上的佛光——可望而不可即

峨眉山上的泉水——细水长流

鹅卵石掉酱缸——糊涂蛋

鹅卵石放鸡窝——混蛋

鹅毛落水——漂浮

鹅上台阶——靠猛劲

鹅伸脖子——等着挨刀

鹅食盆不许鸭插嘴——吃独食

鹅头装在鸭颈上——不像样

鹅吞鸡头——卡住了

额角上栽月季——看花了眼

额头角上搁扁担——头挑

额头连下巴——没脸

额头上插牡丹——忍痛图好看

额头上倒冰水——从头凉到脚

额头上放炮——祸在眼前

额头上挂算盘——算的眼前利益

额头上挂钥匙——开眼界

额头上挂肥皂——滑头滑脑

额头上生疖子——触霉头

额头上贴膏药——脸上尴尬

额头上写字——明摆着

额头上长眼睛——眼界高

额头上着火——急在眼前

额头生疮——遮盖不住

鳄鱼吊孝——假慈悲，真凶狠

鳄鱼挂念珠——冒充善人

鳄鱼流眼泪——假慈悲

恶狗戴佛珠——冒充善人

恶狗爬墙——上蹿下跳

恶鬼怕钟馗——邪不压正

恶虎斗狼群——寡不敌众

恶狼落陷阱——作恶到头了

饿肚的鸭子——穷呱呱

饿肚汉打冤家——借机（饥）闹事

饿肚汉开夜车——穷忙

饿肚汉嗑瓜子——吃不饱肚子

饿肚汉啃鸡爪——解不了馋

饿汉抱着胖刺猬——抱着嫌扎手，丢又舍不得

饿汉下馆子——大吃大喝

饿狼吞泥土——没有人味

饿狼吞食——一副贪相

饿狼嘴里夺脆骨——胆子不小

饿老鹰抓驴——饥不择食

饿猫不吃死耗子——冒充斯文

饿猫衔鱼——嘴紧

饿死鬼要账——活该

儿媳妇怀孕——装孙子

儿子成亲父做寿——好事成双

儿子打老子——岂有此理

儿子看婆媳吵架——两头为难

儿子娶妻女嫁人——大事完毕

耳朵眼里灌稀饭——混淆视听

耳朵眼里下棋——摆不开阵势

耳朵长在膝盖上——懒得听

耳后的疙瘩——无人理会

耳聋鼻塞嘴哑——一窍不通

二八月的天气——忽冷忽热

二八月的衣服——形形色色

二八月的庄稼——青黄不接

二八月干活——不冷不热

二八自行车——好大的架子

二把刀的大夫——杀人不见血

二百五上天——痴心妄想

二齿钉耙锄地——有两下子

二齿钩子挠痒——一把硬手

二大娘抱秃娃娃——旁人不夸
自己夸

二大娘缠裹脚——严严实实

二大娘的鞋套子——提不得

二大娘腌咸菜——有言（盐）
在先

二更梆子敲两下——正是时候

二姑娘的针线包——花色多

二姑娘上轿——忸忸怩怩

二姑娘绣荷包——细功夫

二胡拉出笛子调——弦外之音

二郎神出战——尽是天兵天将

二郎神吹笛子——神吹

二郎神的钢叉——两面三刀

二郎神的慧眼——有远见

二郎神缝皮袄——神聊（缭）

二郎爷的狗——不认识好坏人

二愣子拉胡琴——自顾自（吱
咕吱）

二愣子骑老虎背——早晚有他
的好看

二愣子抓吃烂芝麻——满肚子
坏点子

二愣子做活路——猛一阵

二两米熬锅粥——不愁（稠）

二两棉花打架——谈（弹）不拢

二两棉花三张弓——细谈（弹）
细谈（弹）

二两棉花套个眼镜——看不透

二两铁打把刀——不够分量

二两羊毛絮床褥子——难摊

二两银子铸个土地爷——钱能
通神

二流子串巷撞了墙——倒霉
透了

二流子打鼓——吊儿郎当

二流子骂街——胡言乱语

二流子学徒——混日子

二三四五六七八九——缺衣
（一）少食（十）

二十斤的干饭没吃饱——饭桶

二十七文钱分三份——久闻
（九文）

二十四磅榔头敲钢板——响
当当

《二十四史》面前搁——不知从何说起

二十五斤四百两(旧制一斤十六两)——没错

二十五岁守寡——拿不准主意

二十一天不出鸡——坏蛋

二十只耗子拉犁——乱了套

二踢脚上天——空想(响)

二踢脚的爆竹——一声更比一声响

二下五去三——一个不留

二小子拜年——光磕头不说话

二小子不拉纤——顺水推舟

二小子丢钱包——傻了眼

二一添作五——一半对一半

二月的菜薹——另有心

二月的韭菜——头一茬

二月的闷雷——想(响)得早

二月的青蛙——呱呱叫

二月二穿单衣——为时过早

F

发洪水放木排——赶潮流

发酵的面粉——气鼓气胀

发救兵还择吉日——晚了

发了疯的猴子——上蹿下跳

发了霉的葡萄——肚子坏水

发霉的炒黄豆——不香

发霉的花生——不是好人(仁)

发面馒头送闺女——实心实意

发疟疾吃奎宁——对症下药

发丧娶媳妇——又喜又悲

发射出去的火箭——扶摇直上

法场的麻雀——耐惊耐怕

法场上的刽子手——杀人不眨眼

法儿他妈哭法儿——没法儿了

番瓜秧牵上葡萄树——胡搅蛮缠

番鬼佬耍西洋镜——名堂多

番薯脑壳檀木心——不灵通

翻穿皮袄——出洋(羊)相

翻船抓到救生圈——绝处逢生

翻斗车卸货——倒个精光

翻过来的面袋子——空的

翻过来的仁丹袋——空了

翻了篓的螃蟹——到处横行

翻着旧书择吉日——倒退了

帆船上的桅杆——直通通的

帆船上的桅杆——直杠一条

凡士林涂嘴巴——油腔滑调

樊梨花救援北平关——不念旧恶

樊梨花下西凉——马到成功

反贴门神——不对脸

反贴门神——左右为难

饭店里的臭虫——吃客

饭店里卖服装——有吃有穿

饭店墙上挂蒜辫——零揪

饭馆里端菜——和盘托出

饭锅上的茄子——软货

饭盒里盛稀饭——装糊涂

饭来张口,衣来伸手——坐享其成

饭勺敲铁锅——响当当

饭勺子上的苍蝇——混饭吃

饭熟揭锅盖——气冲冲

饭甑里蒸黄连——苦闷(焖)

饭桌上的抹布——尝尽了酸甜苦辣

饭桌上的盘子——没把柄

犯了克山病,又得虎林热——没治了

犯人打(制)枷——自作自受

方铲挖耳朵——不入门

方字比万字——只差一点

房顶的窟窿——漏洞

房顶开门——六亲不认

房顶上扒窟窿——不是门

房顶上的冬瓜——两边滚

房间里闹鬼——怪物(屋)

房角贴对联——邪(斜)门

房梁上的家雀——专找缝子钻

房梁上挂辣椒——一串一串的

房梁上挂水壶——高水平(瓶)

房梁上长草——根底浅

房檐下的冰溜子——根子在上头

房檐下的石头——轮(淋)不着

房檐下吊磨盘——严(檐)重

房子的地基石——难翻身

房子烧了又挨大雨——内外交困

房子着了抢东西——趁火打劫

纺车耳朵——随人转

纺花锭插到荞麦囤——尖对棱

纺纱厂的烂线团——头绪太乱

纺织厂的下脚料——千丝万缕

放鳖进塘喝水——一去不复返

放大镜照臭虫——原（圆）形毕露

放风筝的撒线——脱手容易收回难

放风筝断了线——没指望了

放下笛子拿钹——吹吹拍拍

放下二胡拿笛子——能扯能吹

放下二胡拿笛子——会吹会扯

放下棍子打叫花子——忘本

放下筛子拿起箩筐——缺点多

放咸鱼落塘——死活不管

放鸭子上山——搞错了路线

放鸭子上山——路线错了

放羊的去圈马——乱了套

放羊的捡柴火——一举两得

放羊上山岗——步步高升

放羊娃打酸枣——捎带活

放羊娃盖楼房——发了洋（羊）财

放羊娃拾粪——两不耽误

放羊娃娃喊救命——狼来了

飞蛾撵蜘蛛——自投罗网

飞机打哆嗦——抖上天了

飞机打飞机——空对空

飞机打坦克——居高临下

飞机的屁股——尾巴翘上了天

飞机翻跟头——倒栽葱

飞机放屁——一溜烟

飞机过河——一晃而去

飞机后面挂口袋——装疯（风）

飞机离跑道——没辙

飞机离跑道——远走高飞

飞机里伸出个巴掌来——高手

飞机上吊螃蟹——悬空八只脚

飞机上对歌——唱高调

飞机上吊邮筒——高兴（信）

飞机上放大炮——空想（响）

飞机上放风筝——出手高

飞机上观天——目空一切

飞机上过秤——高标准

飞机上军号响——声震远方

飞机上扔石头——一落千丈

飞机上扔炸弹——抬高自己，打击别人

飞机上撒网——空张罗

飞机上生孩子——高产

飞机上跳伞——腾云驾雾

飞机上跳舞——空喜

飞机上栽跟头——落千丈

飞机上张网——捕风捉影

飞机上装大粪——臭气熏天

飞鸟看出雌雄来——好眼力

飞行员的降落伞——随机应便

飞行员跳伞——一落千丈

飞燕穿云——轻松

肥狗咬主人——忘恩负义

肥皂刻手戳——不是这块料

肥皂泡当镜子——成了泡影

肥猪戴盔甲——浑身不自在

肥猪跑进屠户家——送上门的肉

肥猪上屠场——挨刀的货

坟地里躺个酒鬼——醉生梦死

坟地改菜园——拉平了

坟墓变庙宇——神出鬼没

坟墓里戴口罩——阴一套阳一套

坟墓里招手——把人往死路上引

坟前的石碑——记生记死

坟头打拳——吓鬼

坟头儿不叫坟头儿——土包子

坟头上的夜猫子——不是好鸟

坟头上拉屎——糟蹋死人

坟头上失火——烧包

坟头种牡丹——死风流

粉搽到屁股上——不顾脸面

粉球滚芝麻——多少沾点

粉丝汤里下面条——纠缠不清

粪船过江——装死(屎)

粪船上打鼓——臭名远扬

粪船上放书柜——摆臭架子

粪凼(水坑)里驾船——无出路

粪堆上插旗子——臭名昭著

粪堆上插鲜花——臭美

粪堆上的灵芝——根子不净

粪坑上吹喇叭——臭名远扬

粪筐上插花——臭美

粪筐上的窟窿——死(屎)心眼

粪筐上的眼眼——死(屎)窟窿

粪勺子搅粪坑——越闹越臭

粪桶掉了底——臭架子

风不摇树不动——事出有因

风车板做蒸笼——受了冷气受热气

风吹钟声花里过——又响又香

风吹竹林——一边倒

风地里一盏灯——说灭就灭

风干的抄手(馄饨)皮——捏不拢

风刮帽子扣麻雀——意外收获

风化石磨刀——快不了

风口上点油灯——吹了

风浪里的小舟——左右摇摆

风箱板做帽子——气上头了

风箱的嘴巴——光会吹

风箱换上鼓风机——一个比一个会吹

风箱里的老鼠——两头受气

风钻进鼓里——吹牛皮

疯狗的脾气——见人就咬

疯狗的尾巴——翘不起来

疯狗跳墙头——急红了眼

疯狗跳墙头——逼出来的

疯子摇头——呆头呆脑

丰都城(迷信传说指阴间)里唱大戏——鬼听

丰都城里说大书——鬼话连篇

丰收年景的粮囤子——冒尖

缝衣的钢针——只认衣衫不认人

缝衣针当锥子使——难通过

缝衣针对钻头——针锋相对

缝衣针碰着绣花针——尖对尖

逢年过生日——双喜临门

凤凰跌到鸡窝里——落魄了

凤凰脱毛——不如鸡

凤凰生鸡——一代不如一代

凤凰站在凉亭上——卖弄风流

佛教的章法——清规戒律

佛面刮金子——无中生有

佛爷的眼珠——动不得

佛爷的桌子——碰不得

佛爷放响屁——神气十足

扶着栏杆上楼梯——稳步上升

扶着醉汉过坡桥——上晃下摇

服务员拿钥匙——有职无权

服务员上茶——和盘托出

服装店里的买卖——一套一套的

服装店里开饭店——有吃有穿

釜底抽薪——奄奄一息(熄)

釜中游鱼——不知死活

父子猜拳——爷俩好

父子观虎斗——大惊小怪

G

胳肢窝里放屁——没影的事

胳肢窝里夹耗子——冒充打猎人

胳肢窝生疮——阴毒

盖房请来箍桶匠——找错了人

盖了九床被子做美梦——想不透

盖了三年的破被——老套子

盖严了的笼屉——有气难出

干打雷不下雨——虚张声势

干粉子做汤圆——搓不圆

干旱的庄稼——熟得早

干河沟的鱼——跑不了

干河沟里逮鱼虾——没来路

干河滩里栽牡丹——好景不长

干土移花木——活不久

干榆木疙瘩——劈不开

干鱼肚里寻胆——少见

甘露寺招亲——弄假成真

甘罗拜相——小人得志

甘蔗出土——节节甜

甘蔗当吹火筒——一窍不通

甘蔗当烟囱——不通气

甘蔗地里栽葱——矮了一大截

甘蔗地里栽黄连——又苦又甜

甘蔗蘸蜜糖——甜上加甜

甘蔗支危房——不顶用

赶场带相亲——一举两得

赶场的买竹子——说长道短

赶场走进死胡同——行不通

赶场做买卖——随行就市

赶车不拿鞭子——拍马屁

赶鸡下河——硬往死里逼

赶集不拿口袋——存心不良（量）

赶集卖竹笋——有的说短，有的说长

赶集走进死胡同——此路不通

赶绵羊上树——难上加难

赶庙会掉了爹——丢大人

赶庙会失孩子——活丢人

赶牛进鸡舍——门路不对

赶牛下崖——硬往死里逼

赶着牛车出国——相差十万八千里

赶着牛车拉大粪——送死(屎)

赶着王母娘娘叫大姑——想沾点仙气

赶着鸭子拉大磨——痴心妄想

橄榄核垫台脚——横也不是，竖也不是

橄榄头上插针——尖上拔尖

擀面杖插到鸡窝里——捣蛋

擀面杖吹火——窍不通

擀面杖打飞机——高不可攀

擀面杖当吹火筒——不通

擀面杖当箫吹——实心眼

擀面杖升云天——诽谤(飞棒)

擀面杖钻石头——纹丝不动

擀面杖作筷盆当杯——大吃大喝

刚出笼的热馒头——热气腾腾

刚出笼的糖包子——热乎乎，甜蜜蜜

刚出炉的纯钢——宁折不弯

刚开坛的老白干——冲劲大

刚理发碰上络腮胡——难题

(剃)

刚落地的雨水——浑浊不清

刚买来的马——难合群

刚冒尖的竹笋——又鲜又嫩

刚摘的黄瓜——一时鲜

刚长翅膀的鸟儿——不知天高地厚

钢板上打铆——毫不动摇

钢刀落肚——割心肠

钢刀斩乌龟壳——硬砍

钢钉淬火——钻劲大

钢钎打炮眼——直来直去

钢水倒进模子里——定了型

钢丝穿豆腐——没法提

钢丝绳穿针——难通过

钢条做钉子——宁折不弯

缸钵里的泥鳅——团团转

缸里端起葫芦瓢——泼冷水

缸里掷色子——没跑

缸里捉王八——跑不了

缸中倒豆——不藏不掖

高个子跌跤——差得远

高个子装矮个子——低声下气

高个子走到屋檐下——不得不低头

高粱秆当柱子——难顶难撑

高粱秆儿拴骡子——拉倒

高粱秆做梯子——上不去

高粱秆挑水——担当不起

高粱秆子剥皮——光棍一条

高粱秆子做檩条——不是这块料

高粱秆做眼镜——空架子

高山放鞭炮——四方闻名(鸣)

高山上放大炮——惊天动地

高山滚石头——永不回头

高山尖上泼大粪——臭名远扬

高山毛栗子——浑身是刺

高山上吹喇叭——远近闻名(鸣)

高山上倒马桶——臭气熏天

高山头种辣椒——红到顶了

高兴得四脚爬地——得意忘形

高崖上搭长梯——太悬乎

高音喇叭上山头——名(鸣)声远扬

疙瘩饼子送闺女——实心实意

疙瘩汤里煮皮球——糊涂蛋

胳膊当枕头——自己靠自己

胳膊弯里打凉扇——两袖清风

胳膊窝夹蜡扦——假装吹鼓手

胳膊窝里夹皮球——气胀人

胳膊窝下过日子——憋得难受

胳膊折了往袖里藏——家丑不可外扬

胳膊肘里钉铁掌——离题(蹄)太远

戈壁滩上的黄沙——无穷无尽

戈壁滩上的泉水——格外珍贵

鸽子带风铃——虚张声势

鸽子光拣高门楼飞——忘本

鸽子尾巴带竹哨——想(响)得高

割草的捡到大南瓜——捞外快

割草拿斧头——不要脸(镰)

割草拾柴火——顺便

割韭菜,剥黄麻——一码是一码

割韭菜不用镰刀——胡扯

割下鼻子换面吃——不要脸

割自己的肉包饺子——香在嘴里疼在心里

隔岸观火——袖手旁观

隔布袋买猫——蒙着交易

隔道不下雨,隔村不死人——各有各的情况

隔沟看见鸭吃谷——干瞪眼

隔沟弹花——不沾弦

隔河作揖——承情不过

隔黄河赶车——鞭长莫及

隔黄河送秋波——没人领情

隔黄河握手——差得远

隔年的小树长成材——添枝加叶

隔皮靴抓痒——白费工夫

隔墙撂老头——丢大人

隔墙撂帽子——不对头

隔墙扔蒲包——非（飞）礼

隔墙扔五脏——死心踏地

隔墙问路——两不见面

隔墙相媳妇——不知好歹

隔山的石头砸脑袋——飞来的横祸

隔山看见蚊虫飞——好眼力

隔山摘李子——差得远

隔外套搔痒——不过瘾

隔靴搔痒——抓不到实处

隔着窗户咬耳朵——偏听偏信

隔着锅台上炕——非迈大步不可

隔着井跳河——舍近求远

隔着马夹的外套——不贴心

隔着皮袄抓痒痒——抓不到实处

隔着筛子看人——把人看零碎了

隔着山头吹喇叭——对不上号

隔着山头赶羊——鞭长莫及

给大老爷舔痔疮——过分巴结

给好眼睛点药水——没病找病

给老虎医病——提心吊胆

给了九寸想十寸——得寸进尺

给聋子吹笛——白费工夫

给漏底灯盏加油——永不满足

跟和尚借梳子——强人所难

跟着骡子数蹄印——步步不缺

跟着汽车拾粪——白跑

跟着巫婆跳大神——跟着啥人学啥人

跟着巫师做神汉——学坏了

跟着英雄学好样——跟着啥人学啥人

跟诸葛亮学本事——能掐会算

公共厕所里响地雷——激起公愤（粪）

公鸡跌下油缸——毛光嘴滑

公鸡害嗓子——提（啼）不得

公鸡害嗓子——名（鸣）声坏

公鸡头上插鹅毛——一语（羽）双关（冠）

公鸡头上的肉疙瘩——大小是个官（冠）

狗啃麦根——装样（羊）

狗啃南瓜——无从下口

狗皮上贴膏药——不沾（粘）

狗皮袜头儿——没大没小

狗皮袜子——没反正

狗抢到肉丸子——独吞

狗抢肉团子——争嘴吃

狗肉包子——上不了台盘

狗撕皮袄——乱扯

狗头上插花——配不上

狗头上长角——出洋（羊）相

狗尾巴做弦——不值一谈（弹）

狗尾巴上的露水——一甩就脱

狗掀门帘——全凭一张嘴

狗衔羊肠——越扯越长

狗熊耍把戏——混充人

狗熊耍扁担——就那么几下子

狗熊捉麻雀——瞎扑打

狗摇尾巴——献殷勤

狗咬秤砣——好硬的嘴

狗咬屁股——肯定（腚）

狗咬尾巴——团团转

狗咬乌龟——找不到头

狗咬旋风——捕风捉影

狗咬粽子——解不开

狗长犄角——装样（羊）

狗争骨头——相持不下

姑娘爱花，小子爱炮——各有
所好

姑娘的线蛋子——有头绪

孤儿院的娃娃——穷小子

孤子遇亲人——喜出望外

箍桶请石匠——找错了人

骨缝里的肉——两头受挤

骨头打狗——白送

骨头鲠在喉咙里——吞不下，
吐不出

骨头塞在喉里——不吐不快

骨头烧豆腐——软硬不均

古董店里的坛子——老古词
（瓷）

古董店里逮老鼠——难下手

古董贩子——眼里识货

古坟里起烟——鬼火直冒

古庙里的石像——老实（石）人

古书堆里的蛀虫——咬文嚼字

古玩店失火——非同小可

鼓槌打石榴——敲到点子上

鼓肚蛤蟆钻喇叭——忍气吞声

鼓楼上吹唢呐——高调

鼓楼上的灯笼——高明

鼓楼上卖狗肉——架子不小

鼓上安电扇——吹牛皮

谷糠擦屁股——不利索

谷糠搓绳——难合股

谷糠蒸窝头——捏不拢

谷子地里长高粱——出人头地

刮大风穿绸衫——抖起来了

刮大风撒蒺藜——连讽（风）带刺

瓜地里的草人——装模作样

瓜瓢里点灯——漂（瓢）亮

瓜子去了皮——心上人（仁）

官老爷讲话——慢条斯理

官老爷上朝——按部就班

官老爷升堂——前呼后拥

官老爷下轿——不（步）行

棺材店里开药店——死活都要钱

棺材老板咬牙——恨人不死

棺材里插杠子——搅死人

棺材里偷汉子——死不要脸

棺材里洗脸——死要面子

棺材里寻医——死里求生

棺材里长胡子——短命鬼

棺材里抓痒——不知死活

棺材铺偷工减料——坑死人

棺材头上放炮仗——吓死人

棺材上放屁——气死人

关公脖子挂葫芦——脸红脖子粗

关公打喷嚏——自我吹嘘（须）

关公当木匠——大刀阔斧

关公过五关——没人敢拦

关公进皇宫——单刀直入

关公开刀铺——货真价实

关公流鼻血——红上加红

关公卖豆腐——人强货不硬

关公面前耍大刀——自不量力

关公舞大刀——拿手好戏

关公战秦琼——乱了朝代

关公在曹营——心不在焉

关老爷卖凉粉——人强货不硬

关老爷赴宴——单刀直入

关门不上门闩——顶上了

关门踩高跷——自看自高

关门炒辣椒——够呛

关门唱山歌——自我欣赏

关门打老婆——家里横

关门做皇帝——自封为王

关羽降曹操——身在曹营心在汉

关云长刮骨疗毒——全无痛苦之色

关云长骑骆驼——大马金刀

关云长失荆州——骄兵必败

关云长守嫂嫂——情义为重

观音的肚腹——慈善心肠

观音进饭笼——真（蒸）神

观音堂里填窟窿——不妙（补庙）

观音堂里着火——妙哉（庙灾）

罐头食品——吃得开

罐子掉了底儿——不用提了

罐子里舂辣椒——一锤子买卖

罐子里燃木炭——有火发不出

罐子里燃木炭——有火没处发

罐子里掏虾米——抓瞎（虾）

光腚穿皮袄——顾上不顾下

光腚系围裙——顾前不顾后

光棍梦见娶老婆——尽想好事

光屁股打灯笼——自己献丑

光屁股戴礼帽——文明人不做文明事

光屁股赶贼——胆大不害臊

光屁股进当铺——自己当人，人家不当人

光屁股撵狼——胆大不害臊

光屁股推磨——转圈丢人

光头上拍巴掌——正大（打）光明

光头上面长虱子——无地容身

光有鼓槌子——打不响

光着腚跳舞——丑态百出

光着脑壳打伞——无法（发）无天

闺女出嫁不想娘——白疼一场

闺女穿娘鞋——钱（前）紧

闺女回娘家——熟路

闺女遇见妈——说不完的话

闺女遇见妈——话语多

鬼打道士——倒挨

鬼打巫婆——无法

鬼师佬舞镰刀——少见（剑）

鬼遇张天师——无法可使

鬼遇张天师——有法难使

桂花树旁搭茅房——一阵香，一阵臭

桂花树旁修厕所——香臭不分

锅边上的油渣——练（炼）出来的

锅边上的小米——熬出来的

锅盖做风箱——受了热气受冷气

锅台上种瓜——难发芽

裹脚布放风筝——臭名远扬

裹脚头子放风筝——上下不分

裹着脑袋上吊——撕（死）不开脸面

过道里赶猪——直来直去

过道里捅椽子——直出直入

过冬的大葱——皮焦根枯心不死

过冬的咸菜缸——泡着吧

过冬的田螺遇春水——扬眉

吐气

过坟场吹口哨——给自己壮胆

过河洗脚——一举两得

过河拽胡子——谦虚（牵须）

过河卒子做生意——一卖到底

过街的老鼠——人人喊打

过了火的猪脑壳——焦头烂额

过了筛子的黄豆——没大没小

H

蛤蟆吃骰子——满肚子点子

蛤蟆当鼓敲——气难消

蛤蟆荡秋千——摆不起来

蛤蟆的眼睛——突出

蛤蟆垫桌腿——硬撑

蛤蟆掉进滚水锅——死路一条

蛤蟆腚上插鸡毛——不是好鸟

蛤蟆和公牛比大小——气鼓气胀

蛤蟆爬楼梯——又蹦又跳

蛤蟆跳到牛背上——自以为大

蛤蟆跳到热鏊上——快活一时算一时

蛤蟆跳进蟒蛇嘴里——找死

蛤蟆跳井——不懂（扑通）

蛤蟆吞西瓜——无从下口

蛤蟆追兔子——差得远

蛤蟆坐轿子——不识抬举

哈巴狗戴串铃——混充大牲口

哈巴狗抖尾巴——唬（虎）起来了

哈巴狗见主人——摇尾乞怜

哈巴狗上粪堆——自封为王

哈巴狗上墙头——紧抓挠

哈巴狗摇尾巴——献殷勤

哈巴狗坐轿——不识抬举

孩儿脸——变化无常

孩子离了娘——无依无靠

孩子没有娘——说来话长

海边的大雁——见过风浪

海底的坑洼——摸不透

海底捞针——白费工夫

海底栽葱——根底深

海底长海带——根子深

海椒命,姜桂性——越老越辣

海军的衬衫——道道多

海龙王翻身——兴风作浪

海市蜃楼,天涯彩虹——虚的虚,空的空

海水里长大的官——管得宽

海水煮黄连——苦上加苦

海滩上开店——外行

海滩上寻贝壳——有的是

海蜇皮下酒——干干脆脆

海蜇头做帽子——装滑头

含冰糖说好话——甜言蜜语

含着骨头露着肉——吞吞吐吐

韩琪自刎——舍己救人

韩湘子吹萧——不同凡响

韩湘子出家——一去永不来

韩湘子的花篮——要啥有啥

韩湘子拉着铁拐李——一个吹,一个捧

韩湘子拉着铁拐李——你吹我捧

韩信打赵国——背水一战

韩信点兵——多多益善

寒冬的电扇——令人生畏

寒冬腊月摆龙门阵——冷言冷语

寒山寺里的大钟——搬不动

寒暑表——忽冷忽热

寒暑表里的水银柱——能上能下

寒天吃冰棍——心里有火

旱地的南瓜——越老越红

旱天的井——水平太低

旱天的庄稼苗——要死不活

旱天刮西北风——干吹

旱田里的泥鳅——钻得深

旱鸭子不下水——练腿功

旱鸭子过河——不知深浅

旱鸭子追猫——赶紧

旱烟袋——一头热

旱烟袋打鸟——不是真腔(枪)

焊枪的喷嘴——点火就着

焊条碰钢板——冒火

航船上的马桶——明摆着

航船遇沙滩——搁浅

航空兵操练——随机应变

航天飞机出发——远走高飞

好袄做成破马褂——穷折腾

好汉挨木棒——痛死不开腔

好汉上梁山——逼出来的

好花插在牛粪上——真可惜

好花离了枝——蔫了

好肉上贴橡皮膏——自讨麻烦

好肉贴膏药——自找苦吃

好心当作驴肝肺——不识好歹

好心遭雷打——冤枉

耗干了油的灯火——奄奄一息（熄）

耗子搬家——穷折腾

耗子不留隔夜粮——吃光用光

耗子打秋千——头朝下

耗子戴眼镜——鼠目寸光

耗子逮蛐蛐儿——小收拾

耗子掉水缸——时髦（湿毛）

耗子跌灰堆——触一鼻子灰

耗子跌进坛子里——无缝可钻

耗子跌米缸——好进不好出

耗子跌面缸——白眼看人

耗子盯小偷——贼眉鼠眼

耗子洞里摆神像——莫名其妙（庙）

耗子嫁女——讲吃不讲穿

耗子进老鼠夹——离死不远

耗子进书箱——蚀（食）本

耗子看粮仓——监守自盗

耗子扛枪——窝里横

耗子啃菜刀——死路一条

耗子啃床腿——白费牙

耗子啃木头——吃不消

耗子啃书本——咬文嚼字

耗子啃玉米棒——顺杆（秆）爬

耗子窟窿——填不满

耗子挎枪——署（鼠）官

耗子跳到钢琴上——乱谈（弹）

耗子跳火坑——爪干毛净

耗子偷秤砣——力不能及

耗子拖牛——大干一场

耗子拖泰山——野心勃勃

耗子尾巴上长癣——小毛病

耗子眼看天——小瞧

耗子钻到字纸篓——咬文嚼字

耗子钻风箱——自找罪受

耗子钻进古书堆——吃老本

耗子钻进乱麻堆——没有头绪

耗子钻象鼻——小能降大

耗子钻灶火——不死也要脱层皮

耗子坐大堂——署（鼠）官

好吃不好穿——顾嘴不顾身

好斗的公鸡——肥不了

好斗的山羊——顶顶撞撞

好斗的山羊——又顶又撞

喝茶拿筷子——摆设

喝敌敌畏跳井——必死无疑

喝酒晒太阳——周身火热

喝开水吞炒面——不含糊

喝凉水剔牙缝——穷要面子

喝凉水栽跟头——装晕

喝老陈醋长大的——光说酸话

喝了两斤老陈醋——心酸得很

喝了太平洋的水——宽大无边

喝了五味汤——啥滋味都有

喝米汤划拳——光图热闹

喝磨刀水长大的——秀（锈）气在内

喝水用筷子——故作姿态

喝西北风堵嗓子——倒霉透了

合唱团里的哑巴——凑数

合金钢钻头——专拣硬的克

合起来讲五句——三言两语

合闸的马达心子——团团转

何家姑娘嫁郑家——正合适（郑何氏）

何仙姑要下凡——六神无主

何仙姑走娘家——云里来，雾里去

河边上撑篙——一竿子插到底

河边上逮螃蟹——有一个捉一个

河边拾蛤蜊——尽捞

河里赶大车——没辙

河滩盖房子——靠不住

河豚鱼撞船——一肚子气

河心的船——明摆着

河心搁跳板——两头脱空

河中的礁石——顶风顶浪

荷包里闹鬼叫——妖（腰）气

荷花塘里失火——偶然（藕燃）

荷叶包钉子——个个想出头

荷叶包鳝鱼——溜之大吉

荷叶上的露珠——清清白白

荷叶做雨伞——遮盖不住

和尚别发卡——调（挑）皮

和尚的肚腹——没多大油水

和尚的袈裟——七拼八凑

和尚的帽子——平铺沓

和尚的木鱼——合不拢嘴

和尚的脑壳——没法（发）

和尚的念珠——一连串

和尚的住处——妙（庙）

和尚分家——多事（寺）

和尚看花轿——空喜一场

和尚头上放豆子——白费工夫

和尚头上拍苍蝇——正大（打）光明

和尚摘帽子——头名（明）

和尚住茅棚——没事（寺）

和影子交朋友——孤单得很

黑板上写字——抹掉了重来

黑洞里裹脚——瞎缠

黑老鸹嫁凤凰——不配

黑漆灯笼——心里亮

黑天过河——不知深浅

黑屋里找东西——没处寻

黑屋里做活——瞎干

黑瞎子吃人参——不知贵贱

黑瞎子打立正——一手遮天

黑瞎子逮虱子——笨手笨脚

黑瞎子冬眠——做美梦

黑瞎子叫门——熊到家了

黑瞎子披大氅——不像人样

黑瞎子上房脊——熊到顶了

黑瞎子耍门扇——人熊家伙笨

黑瞎子提包袱——走哪家的亲戚

黑瞎子照镜子——熊样

黑瞎子遮太阳——手大捂不住天

黑瞎子装弥勒佛——面善心不善

黑瞎子钻灶筒——难过

黑夜里开火车——前途光明

黑夜进玉米地——瞎掰

黑夜天摘黄瓜——不分老嫩

黑纸糊灯笼——不明不白

横匾压塌龙王庙——好大的牌子

横放的棺材——心不正

横垄台拉石磙——步步有坎

横着扁担走路——霸道

红白喜事一起办——哭笑不得

红绸子包山楂——里外红

红蓝铅笔——两头挨削

《红楼梦》里的贾府——大有大的难处

红萝卜雕花——中看不中吃

红苕熬成糖——甜上加甜

红头绳穿铜钱——心连心

红线穿灯草——心连心

红纸裱灯笼——装面子

喉咙卡骨头——说话带刺

喉咙里吞了萤火虫——嘴里不响,肚里明白

喉咙里安雷管——一谈(弹)就崩

喉咙里放鱼钩——提心吊(钓)胆

喉咙里伸出手来——嘴太馋

喉咙里使勺子——淘(掏)气

喉咙里长疙瘩——赌(堵)气

喉咙长刺口生疮——说不出好话来

喉头上长疔疮——痛不可言

猴吃辣椒——抓耳挠腮

猴儿吃芥末——傻了眼

猴儿戳蜂包——自讨苦吃

猴儿戴帽子——衣冠禽兽

猴儿拿棒槌——胡抡

猴屁股补脸蛋——不害臊

猴屁股扎蒺藜——坐立不安

猴骑骆驼——直往上窜

猴弹棉花狗拉车——乱套了

猴子吹喇叭——没人声

猴子舂米——乱冲(舂)

猴子戴面具——人面兽心

猴子戴眼镜——冒充斯文

猴子的屁股——坐不稳

猴子登台——一出没有(指无戏可唱)

猴子给老虎拜年——送货上门

猴子滚绣球——滚的滚,爬的爬

猴子拉碾子——不听使唤

猴子拉稀——坏肚肠

猴子拉血——没法治

猴子捞月亮——一场空

猴子爬梯——一跃而上

猴子爬皂角树——棘手

猴子爬竹竿——上蹿下跳

猴子骑马——高高在上

猴子骑绵羊——神气活现

猴子捅马蜂窝——倒挨一锥

猴子偷黄连——自讨苦吃

猴子偷南瓜——滚的滚,爬的爬

猴子推车——干瞪眼

猴子推磨——玩不转

猴子衔烟斗——装人样

后半夜做美梦——好景不长

后脑勺戴眼镜——朝后看

后脑勺挂笊篱——置之脑后

后脑勺留胡子——随便(辫)

后脑勺拍巴掌——背后整人

后脑勺长疮——自己看不见

后娘打孩子——暗里使劲

后娘坟上哭鼻子——假伤心

后台的锣鼓——见不了大场面

胡同里演戏——口上热闹

胡子上的饭粒——吃不饱肚子

胡子上的饭,牙缝里的肉——没多大一点

胡子贴膏药——毛病

胡子长疮——毛病

狐狸奔鸡窝——熟路

狐狸搽花露水——臊气还在

狐狸吵架——一派胡(狐)言

狐狸撞猎枪——死到临头

狐狸打马蜂——不知死活

狐狸大夫给鸡看病——不怀好意

狐狸的尾巴——藏不住

狐狸掉进污水池——又臊又臭

狐狸和狗拜把子——狐群狗党

狐狸照镜子——怪模怪样

狐狸装猫叫——没安好心

狐狸钻罐子——藏头露尾

狐狸钻灶——露了尾巴

狐狸做梦——想投机(偷鸡)

囫囵吃枣——独吞

囫囵啃石榴——先苦后甜

囫囵吞刺猬——扎心

囫囵吞扁饺子——不知啥滋味

囫囵吞芝麻——满肚子点子

虎伴羊睡——靠不住

虎口拔牙——好大的胆子

虎口里探头——找死

虎头铡下服刑——一刀两断

虎窝里跑出个羊羔——虎口余生

虎坐莲台——冒充善人

花绸子盖鸟笼——外面好看里边空

花绸子做尿布——屈材

花旦戴胡子——没有那一套

花粉喂牲口——不够嚼

花岗岩雕人像——心肠硬

花匠捧仙人球——扎手

花椒炒生姜——又麻又辣

花椒掉进大米里——麻烦(饭)

花椒木雕孙猴——麻木不仁(人)

花椒水洗脸——麻痹(皮)

花椒煮猪头——肉麻

花轿里的新娘——不露脸

花轿没到就放炮——高兴得太早了

花轿前的乐队——大吹大擂

花子婆娘画眉毛——穷讲究

花子养仙鹤——苦中作乐

花子早起——穷忙

化了装的演员——油头粉面

化脓的疖子——不攻自破

化装表演——改头换面

画笔敲鼓——有声有色

画饼充饥——自欺欺人

画虎不成反类犬——弄巧成拙

画里的大饼——不能充饥

画上的鸟——有翅难飞

画上的仙桃——中看不中吃

画上的元宝——不值钱的货

怀揣苞米——不肯(啃)

怀揣冰棍——凉透心

怀揣火炉——热心

怀揣棉花弓——往心里谈（弹）

怀揣二十五只老鼠——百爪挠心

怀揣十五只小兔——七上八下

怀里揣漏勺——心眼多

怀里揣马勺——诚（盛）心

怀里揣棉花——暖人心

怀里揣棉花——心里暖

怀里揣琵琶——往心里谈（弹）

怀里揣铁砣——心里沉重

皇帝剃光头——不要王法（发）

皇帝下圣旨——照办

皇帝做馒头——御驾亲征（蒸）

皇宫闹内讧——争天下

皇上吃窝头——装穷

皇上当平民百姓——一贬到底

皇上对太监——放心

皇上家的祠堂——太妙（庙）

皇上卖豆腐——人强货不硬

皇上拍桌子——盛（圣）怒

黄柏木做磬槌子——苦中作乐

黄蜂的尾巴——毒极了

黄狗偷食打黑狗——冤枉

黄瓜敲锣——去一半

黄连打官司——诉苦

黄连雕寿星——苦老头

黄连炖猪苦胆——苦不堪言

黄连炖猪头——苦了大嘴的

黄连甘蔗挑一担——一头苦来一头甜

黄连木雕娃娃——苦孩子

黄连木做笛子——以苦为乐

黄连木做图章——刻苦

黄连酿酒——苦打成招（糟）

黄连泡瓜子——苦人（仁）儿

黄连树结蜜桃——苦中有甜

黄连树上的蛀虫——硬往苦里钻

黄连树上雕字——刻苦

黄连树下唱大戏——苦中作乐

黄连水里泡竹笋——苦透了

黄连水里煮汤圆——又苦又甜

黄连窝里生下来的——苦出身

黄连汁里泡三年——苦透了

黄毛娃娃坐上席——人小辈大

黄泥巴做馍馍——土包子

黄泥掉在粪堆里——不是死（屎），也是死（屎）

黄牛的肚子——草包

黄牛的尾巴——两边摆

黄牛咬黄连——吃苦耐劳

黄牛钻鸡窝——没门

黄沙里搀水泥——合在一起干

黄鳝爬犁头——狡猾(绞铧)

黄鳝遇见泥鳅——滑头对滑头

黄鳝钻洞——顾头不顾尾

黄鼠狼的脾气——偷鸡摸蛋

黄鼠狼等食——见机(鸡)行事

黄鼠狼借鸡——有借无还

黄鼠狼烤火——爪干毛净

黄鼠狼啃乌龟——找不到头

黄鼠狼拉骆驼——不识大体

黄鼠狼取媳妇——小打小闹

黄鼠狼生鼬子——一路货

黄鼠狼逃命——屁滚尿流

黄鼠狼吞鸡毛——填饱肚子就行

黄鼠狼同鸡攀亲家——没安好心

黄鼠狼钻磨坊——冒充大耳朵驴

灰堆扒出个烧红薯——又吹又拍

灰堆吹喇叭——乌烟瘴气

灰堆里打喷嚏——触一鼻子灰

豁牙子说话——含糊其辞

豁牙子咬牛筋——难嚼难咽

活剥兔子——扯皮

活鱼丢在沙滩上——干蹦干跳

火柴棒剔牙——专找缝子钻

火柴棍搭桥——难过

火柴盒里的苍蝇——处处碰壁

火柴盒做棺材——成(盛)不了人

火车不走——到站了

火车出山洞——豁然亮堂

火车出站台——越跑越欢

火车离轨——寸步难行

火车离了道——越轨

火车轮子——连轴转

火车轮子上轨道——切实可行

火车上演戏——载歌载舞

火车站的挂钟——群众观点

火车站的轨道——四通八达

火车追兔子——有劲使不上

火箭上天——不翼而飞

火箭筒射击——两头冒火

火炉子靠水缸——冷热结合

火绒子脑袋——一点就着

火烧胡子——祸在眼前

火烧辣椒壳——够呛

火烧屁股——坐不稳

火烧竹筒——热心

火烧字帖——自然(字燃)

火神庙里着火——玩火者自焚

火神庙求雨——走错了门

火神爷待客——热情

火药闷在铳膛里——不想（响）

火种掉进干柴堆——一点就着

货郎洗手——撂挑子

货郎鼓别腰里——没货了

货真价实的买卖——不搀假

J

机关枪打飞机——抬高自己，打击别人

机关枪打兔子——小题大作

机关枪打鸭子——呱呱叫

机器人抓东西——一把硬手

鸡巢里的凤凰——至高无上

鸡吃萤火虫——心里亮

鸡蛋壳做线板——难缠

鸡蛋里淌水——坏蛋

鸡蛋上刮毛——痴心妄想

鸡蛋生蛆——肚里坏

鸡蛋同石头打滚——自讨苦吃

鸡蛋长爪子——能滚能爬

鸡蛋走路——滚蛋

鸡骨头熬汤——没多大油水

鸡毛搁秤盘——没分量

鸡毛敲钟——不想（响）

鸡毛扔火里——马上全完

鸡毛遭风吹——身不由己

鸡毛做掸子——物尽其用

鸡梦见小米——尽想好事

鸡屁股拴绳——扯淡（蛋）

鸡婆抱鸭子——舍己为人

鸡群里闯进一只鹅——就你脖子长

鸡群里的仙鹤——高人一头

鸡头伸进猪食槽——插不上嘴

鸡尾巴上绑扫帚——好伟（尾）大

鸡蛋筐里搁石头——自讨麻烦

鸡蛋碰碌碡（石磙）——完蛋

鸡蛋拴绳子——扯淡（蛋）

鸡蛋下坡——滚蛋

急需的图章——刻不容缓

生动形象的中华歇后语

急着讨债碰南墙——财迷转向

虮子记账单——失（虱）算

虮子上供桌——失（虱）敬

脊背上背鼓——找着挨锤

脊背长疮，胸口贴膏药——不顾后患

脊梁骨长茄子——生了外心

脊梁上长桃子——另有心

甲鱼翻跟头——四脚朝天

甲鱼照镜子——龟相

贾宝玉出家——看破红尘

贾宝玉的通灵玉——命根子

贾宝玉看《西厢记》——戏中有戏

贾宝玉哭灵——哭得好伤心

架起砧板就切菜——说干就干

架上的葡萄——一串一串的

驾驶员罢工——想不开

肩膀上搭炉灶——恼（脑）火

肩膀上生疮——担当不起

肩上戴帽子——矮了一头

见到猫就怕——胆小如鼠

见毒蛇就打，遇狐狸就抓——为民除害

见高就拜，见低就踩——势利眼

见了大嫂唤大姑——不认人

见了棺材不落泪——心肠硬

见了寿衣也想要——贪心鬼

见了蚊子就拔剑——大惊小怪

见人扯媚眼——卖弄风流

见物手痒——利欲熏心

箭猪碰上刺猬——刺对刺

箭猪钻刺篱笆——刺对刺

箭竹棍当梁柱——自不量力

姜太公封神——自己没有份

姜太公说相声——神聊

姜子牙的坐骑——四不像

姜子牙开饭馆——鬼都不上门

姜子牙娶媳妇——老来喜

江湖佬耍戏法——转眼就变

江南的蛤蟆——难缠（南蟾）

讲课还是老一套——屡教不改

讲评书的长口疮——不好开口

讲武堂里学打仗——纸上谈兵

酱菜店里的抹桌布——尝尽辛酸

酱菜缸里的瓜子——闲人（仁）

酱菜缸里泡石头——一言（盐）难尽（进）

酱坊里开除的伙计——闲（咸）人

酱瓜煮豆腐——有言（盐）在先

酱油店里打架——争风吃醋

酱油铺里的伙计——爱管闲(咸)事

饺子烂了边——露馅

饺子露馅——伤了面皮

饺子破了皮——露馅

饺子铺的酱油——白搭

脚脖子上把脉——瞎摸

脚脖子上挂铜铃——走一路,响一路

脚踩棒槌,头顶西瓜——两头耍滑

脚踩糍粑——站得住脚

脚踩三尺雪——凉了半截

脚踩石灰路——白跑

脚底下抹石灰——白跑

脚夫的腿,说书的嘴——练出来的

脚跟朝前走——走回头路

脚后跟拴藤条——拉倒

脚后跟扎刀子——离心远着哪

脚面上长眼睛——自看自高

脚盆里洗澡——小人

脚上戴帽子——乱套了

脚上抹石灰——处处留迹

叫花子安风扇——穷风流

叫花子摆阔气——穷大方

叫花子搬家——一无所有

叫花子抱着醋坛子——穷酸

叫花子的家当——破烂货

叫花子登榜——人不可貌相

叫花子跌在石灰堆里——一穷二白

叫花子丢拐棍——受狗欺

叫花子擂鼓——穷开心

叫花子娶老婆——没挑的

叫花子晒太阳——享天福

叫花子上坟——哭穷

叫花子睡觉——穷困

叫花子睡凉亭——穷风流

叫花子送幛子——穷凑份

叫花子提亲——穷说

叫花子跳井——穷途末路

叫花子玩龙灯——穷开心

叫花子玩鹦哥——苦中作乐

叫花子游西湖——穷风流

叫花子遇到讨饭的——谁也不沾谁的光

叫花子遇神仙——比不上

叫花子照镜子——一副穷相

叫花子住破庙——户大家虚

叫花子捉虱子——十拿九稳

叫花子醉酒——穷开心

叫花子坐金銮殿——一步登天

叫花子做驸马——受宠若惊

叫花子做皇上——喜从天降

叫唤的知了扑翅膀——自鸣得意

街上的传单——白给

街上的流浪汉——无家可归

街头耍把式——光说不练

截了大褂补裤子——取长补短

截了大褂做鞋面——大材小用

姐弟俩过独木桥——一个个来

姐俩回娘家——殊途同归

姐俩守寡——同病相怜

姐俩找婆家——各走各的路

借票子做衣服——浑身是债

借钱还债——堵不完的窟窿

借钱买筛子——窟窿套窟窿

金鱼的眼睛——突出

金簪入海——永无出头之日

金针菜开花——到顶了

金针落塘——难出头

金子当作黄铜卖——屈才(财)

金子给个铜价钱——不成生意

紧口坛子盛屋檐水——乐(落)在其中

紧水滩上的石头——见过风浪

近路不走走远路——弯弯绕

近视眼穿针——大眼瞪小眼

近视眼打靶——目的不明

近视眼过独木桥——只顾眼前

近视眼看告示——迫在眉睫

进了棺材吃人参——无补

进屋跳窗户——门路不对

进学堂不带书——忘本

进站的火车——窝火又泄气

荆轲献地图——暗藏杀机

荆条当柱子——不是正经材料

景山上的崇祯皇帝——挂起来

景山上的崇祯皇帝——挂着

景德镇停业——没词(瓷)了

井底的蛤蟆上井台——大开眼界

井底雕花——深刻

井底栽黄连——苦得深

井里撑船——四路无门

井里吹喇叭——低声下气

井里的吊桶——任人摆布

井底丢砖头——不懂(扑通)

井里长出一棵树来——根子深

井台上的辘轳——摇摇摆摆

警察打老子——公事公办

警察当扒手——知法犯法

警察蹲监狱——以身试法

镜中花,水中月——可望而不可即

镜子里夹相片——形影不离

镜子里接吻——人家不亲自己亲

镜子上抹灰——糊涂不明

揪下茄子拔了秧——连根收拾

揪着耳朵过江——操心过度（渡）

久旱的庄稼——蔫了

久居监狱——不知春秋

九寸加一寸——得寸进尺

九个瓦盆摔山下——四分五裂

九股绳拧成死疙瘩——难解难分

九两纱织十匹布——甭想

九牛失一毛——不在乎

九死一生的幸运儿——死去活来

九月的茭白——灰心

九月的柿子——红透了

九月菊花逢细雨——点点入心

韭菜炒蒜苗——清（青）一色

韭菜剁头——心不死

酒杯掉在酒缸里——罪（醉）上加罪（醉）

酒杯量米——小气（器）

酒杯里洗澡——小人

酒里头放蒙汗药——存心害人

酒肉朋友的交情——吃吃喝喝

酒坛子当夜壶——大材小用

酒糟鼻不吃酒——枉担虚名

酒糟煎鸡蛋——吵（炒）个稀巴烂

酒盅里拌黄瓜——小气（器）

旧车断了轴——破烂不堪

旧抹布补新衣裳——不配

旧鞋踏狗屎——没法提

救火车遇上急救车——急性子碰上火性子

救火没水——干着急

救火踢倒煤油罐——火上加油

救了落水狗——反咬一口

举起碾盘打月亮——不知天高地厚

举世无双的珍宝——独一无二

举着棋子放不下——打不定主意

锯大树当镰把——大材小用

锯掉腿的板凳——矮了半截子

锯子锯掉烂木头——摧枯拉朽

锯子缺齿——快不了

卷好铺盖，买定草鞋——决心出走

卷舌头念文章——含糊其辞

卷舌头念文章——含含糊糊

决堤的大坝——不敢当（挡）

决了堤的河水——势不可当

俊姑娘脸上一块疤——美中不足

俊女嫁痴汉——可惜

骏马跑千里,银燕入云霄——远走高飞

骏马驮银鞍——两相配

K

卡车的拖斗——老落后

卡车的拖斗——落后了

卡壳的卡宾枪——打不响

开春的柳絮——满天飞

开春的鸟儿——成双成对

开刺绣店的——花样多

开刀不上麻药——蛮干

开沟挖井——步步深入

开了花的竹子——活不久

开了瓶的啤酒——好冲

开了水的锅——沸腾起来

开汽车按喇叭——靠边站

开山的镐——两头忙

开山放瞎炮——不想(响)

开水锅里煮空笼——不蒸馒头争(蒸)口气

开水锅里抓汤圆——烫手

开水和面——下不了手

开水里捞肥皂——全凭手快

开水烫泥鳅——直脖啦

开水煮白玉——不变色

开水煮棉絮——熟套子

开闸的洪水——通行无阻

看病的郎中——不请不到

看家狗专咬叫花子——穷人好欺负

看见麦苗叫韭菜——五谷不分

看《三国》掉泪——替古人担忧

看戏流眼泪——有情人

看着地图摆阵势——纸上谈兵

看着天摸着地——眼高手低

看着星星想月亮——贪心不足

糠里挤油——小抠

糠心儿的萝卜——蔫坏

扛犁头下关东——经(耕)得多

扛鱼网进庙堂——劳(捞)神

扛着风箱串门子——给别人添气受

扛着鸡毛换肩——不知轻重

扛着口袋牵着马——有福不会享

扛着牌坊卖肉——架子不小

扛着竹竿过马路——霸道

炕头上生竹子——损(笋)到家了

炕席上下棋——无路可走

烤炉火吹电扇——冷热结合

烤熟了的羊头——龇牙咧嘴

磕完头撤供——不留神

磕一个头放三个屁——行善没有作恶多

蝌蚪变青蛙——面目全非

蝌蚪的尾巴——寿命不长

空肚罗汉——没心肝

空腹打饱嗝——假装

空头支票——难兑现

空箱里取物——无中生有

空心萝卜绣花袍——中看不中用

空中掉馅饼——喜从天降

空中楼阁——不着实地

空中跑马——露马脚

孔夫子搬家——尽是输(书)

孔夫子出门——三思而行

孔夫子打呵欠——书生气

孔夫子当教授——古为今用

孔夫子的褡裢——书呆(袋)子

孔夫子的坟——久慕(墓)

孔夫子的面孔——文绉绉

孔夫子的手帕——包输(书)

孔夫子的徒弟——闲(贤)人

孔夫子的砚台——黑心

孔夫子的嘴巴——出口成章

孔夫子挂腰刀——能文能武

孔夫子讲学——之乎者也

孔明大摆空城计——化险为夷

孔明的计谋——神机妙算

孔明会李逵——有敢想的,有敢干的

孔明加子龙——智勇双全

孔明借东风——巧用天时

孔明给周瑜看病——自有妙方

孔明夸诸葛——自夸

孔明斩魏延——借刀杀人

孔雀展翅——卖弄自己

孔子教《三字经》——埋没人才

口吃报纸——咬文嚼字

口传家书——言而无信

口袋布做大衣——横竖不够料

口袋里冒烟——烧包

口袋里装钉子——奸（尖）的出头

口袋里装王八——窝脖

口含黄连脚踏苦胆——从头苦到脚

口含乱麻团——难嚼难咽

口吞火炭——心急如焚

口吞墨水——黑心

口吞绣花针——扎心

口吞萤火虫——心里亮

口吞账本——心中有数

口咽黄连——心里苦

枯井里打水——徒劳无功

枯木搭桥——存心害人

枯树上的知了——自鸣得意

枯藤缠大树——生死不离

苦豆子煮黄连——一个更比一个苦

苦瓜攀苦藤——苦相连

苦瓜树上结黄连——一个更比一个苦

苦瓜秧缠黄连树——苦相连

苦瓜蒸黄连——苦闷（焖）

苦鬼遇饿鬼——难兄难弟

苦楝树下弹琴——苦中作乐

裤裆里放屁——串通一气

裤裆里拉屎——不好声张

裤裆里冒烟——当然（裆燃）

裤子里进蚂蚁——坐立不安

会计戴眼镜——精打细算

会计拿算盘——算啦

快刀砍黄鳝——一刀两断

快刀砍水——难分开

快刀斩乱麻——干脆利索

快鼓配慢锣——不合拍

快锯伐大树——拉倒

快马追老牛——赶得上

快燃尽的蜡头——没多大亮

快烧尽的木炭——红火不了多时

快要倒塌的房子——危在旦夕

筷子充大梁——不是这块料

筷子顶豆腐——树（竖）不起来

筷子夹骨头——光棍对光棍

筷子上抹油——光棍

筷子伸到茶壶里——胡（壶）搅

筷子跳舞——光棍一条

葵花秆当柱子——难撑难顶

葵花结籽——心眼不少

葵花籽里钻臭虫——算什么人

（仁）

L

垃圾倒进粪池里——同流合污

拉肚子吃补药——无济于事

拉琴的丢唱本——没谱

拉石灰车遇到倾盆雨——心急如焚

拉屎扒地瓜，捎带扑蚂蚱——一举多得

拉屎吃瓜子——入不敷出

拉屎薅草——一举两得

拉屎攥拳头——暗里使劲

拉着耳朵擤鼻涕——劲用得不是地方

喇叭断了线——不想（响）

喇叭佬娶媳妇——自吹

辣椒粉吹进鼻眼里——够呛

辣椒棵上结茄子——红得发紫

瘌痢头害脚癣——两头不落一头

瘌痢头上打苍蝇——百发百中

瘌痢头上的虱子——无处藏身

瘌痢头上长疮——倒霉透了

腊肉上席——不必多言（盐）

腊肉汤里煮挂面——有言（盐）在先

腊鸭子煮锅里——身子烂了嘴还硬

腊月打赤脚——心里有火

腊月的井水——热乎乎

腊月里吃黄连——寒苦

腊月三十洗长衫——今年不干明年干

腊月三十收雪花——白忙了一阵

腊月底看农历——没日子啦

癞蛤蟆吹唢呐——小气

癞蛤蟆戴花——臭美

癞蛤蟆戴礼帽——妄自尊大

癞蛤蟆的脊梁——点子不少

癞蛤蟆垫床脚——死撑活挨

癞蛤蟆想吃天鹅肉——痴心妄想

癞蛤蟆遇田鸡——难兄难弟

癞蛤蟆遭牛踩——末日来临

癞蛤蟆张口——专吃自来食

癞蛤蟆装鞍子——奇(骑)怪

癞蛤蟆坐飞机——一步登天

癞蛤蟆坐金銮殿——妄想

癞和尚念经——走样了

癞痢头撑伞——无法(发)无天

癞痢头上的伤疤——明摆着

癞痢头上长肿瘤——突(秃)出

癞子姑娘梳头——没法(发)

癞子头上抓痒——巴不得

癞子头上抓痒——求之不得

癞子长脚板疮——上下都有毛病

癞子剃头——走过场

篮子里的桃花——越看眼越花

懒驴进磨道——不打不转

懒驴拉磨——不打不转

懒驴子驾辕——打一鞭走一步

懒驴子上套——打一鞭走一步

懒鸟不搭窝——得过且过

懒婆娘的包袱——窝窝囊囊

懒婆娘的裹脚——又臭又长

懒婆娘干活——慢慢磨

懒婆娘上鸡窝——笨(奔)蛋

懒婆娘上轿——愿上不愿下

懒婆子的头发——不理

懒人的铺盖——不理

烂边礼帽——顶好

烂麻搓缆绳——吃不住劲

烂麻袋装珍珠——好的在里面

烂麻堆里掉麦穗——茫(芒)无头绪

烂麻拧成绳——有了头绪

烂麻拧成绳——合在一起干

烂木头刻戳儿(图章)——不是这块料

烂木头刻娃娃——坏孩子

烂泥巴捏神像——全靠贴金

烂泥巴下窑——难成器

烂泥路上开汽车——卷土重来

烂肉喂苍蝇——投其所好

烂柿子换核桃——吃硬不吃软

烂柿子落地——软瘫了

烂套包黄金——内中有宝

烂袜子改背心——小人得志(之)

狼头上插竹笋——装样(羊)

狼头上戴斗笠——冒充好人

狼头上长角——装样(羊)

狼窝里的肉——难久留

狼窝里的羊——九死一生

狼心狗肺——一副坏心肠

榔头对锤子——狠对狠

榔头敲铁砧——硬邦邦

老白干泡砒霜——又毒又辣

老掉牙的虎——雄心在

老掉牙的驴——顾（雇）不得

老姑娘拜天地——去了心事

老鸹喝墨水——从外黑到心

老汉的枕头——一包草

老汉啃甘蔗——咬牙切齿

老汉学吹打——上气不接下气

老和尚丢了棍——能说不能行

老和尚讲佛经——说的说，听的听

老和尚念经——千篇一律

老葫芦爬秧——越拉越长

老葫芦爬秧——越扯越长

老虎背十字架——冒充耶稣

老虎剥了皮——威风扫地

老虎吃鼻烟——胡吹一气

老虎吃豆腐——口素心不善

老虎掉大海——没抓挠

老虎烧香——冒充善人

老虎身上的虱子——没人敢惹

老虎卧在马圈里——马马虎虎

老虎坐庙堂——想充神仙

老槐树枯了心——外强中干

老皇历——翻不得

老将耍镰刀——少见（剑）

老舅舅拉破二胡——陈词滥调

老柳树发新芽——回春

老龙王投江——死得其所

老妈妈补衣裳——见缝插针

老妈子伺候人——内行

老猫犯罪狗戴枷——嫁祸于人

老绵羊撵狼——拼老命

老母鸡下蛋——脸红脖子粗

老母猪剥皮——露骨

老母猪蹭痒痒——东倒西歪

老奶奶的发髻——输（梳）定了

老牛挨鞭子——忍辱负重

老牛吃草——吞吞吐吐

老牛出工——让人牵着鼻子走

老牛掉进深泥潭——不能自拔

老牛掉眼泪——有口难言

老牛拉座钟——又稳又准

老牛头进汤锅——难熬

老牛脱了磨——空转一遭

老婆婆吃腊肉——扯皮

老婆婆打粉——不论（嫩）

老婆婆当兵——充数

老婆婆的破包袱——窝囊一

辈子

老婆婆的牙——连根拔

老婆婆拉家常——想起什么说什么

老婆婆赛跑——精神可嘉

老婆婆烧香——一片诚心

老婆婆跳皮筋——非同儿戏

老山猫咧嘴——笑面虎

老艄公撑船——看风使舵

老少爷们过马路——扶老携幼

老鼠嫁花猫——冤家成亲家

老鼠进洞——拐弯抹角

老鼠进棺材——咬死人

老鼠进碗柜——满嘴词（瓷）

老鼠嗑瓜子——嘴巧

老鼠啃皮球——客（嗑）气

老鼠啃菩萨——没人味

老鼠啃账簿——吃老本

老鼠拉秤砣——自塞门路

老鼠睡在米坛里——不愁吃

老鼠算卦——做贼心虚

老鼠偷秤砣——倒贴（盗铁）

老鼠偷猫饭——提心吊胆

老鼠偷芝麻——吃香

老鼠拖西瓜——连滚带爬

老鼠钻牛角——路子越走越窄

老鼠钻瓶子——好进不好出

老鼠钻书箱——吃老本

老鼠钻土洞——各找门路

老鼠钻烟筒——两眼墨黑

老鼠坐供桌——想充神仙

老丝瓜瓢子——空虚

老太婆搽粉——老爱面子

老太婆吃黄连——苦口婆心

老太婆吃猪蹄——横扯筋

老太太搬家——什么都拿

老太太进庙门——尽说好话

老太太补衣服——东拼西凑

老太太吃桃子——专拣软的捏

老太太打跟头——翻不了身

老太太打呵欠——一望无涯（牙）

老太太上鸡窝——笨（奔）蛋

老太太站岗——立场不稳

老太太走独木桥——难过

老太太走路——慢腾腾

老头儿的拐棍——早晚得扔

老头儿发脾气——吹胡子瞪眼

老头学打拳——硬骨头

老头摇铃铛——玩心不退

老头子坐摇篮——装孙子

老头子做棺材——寿限快到了

老洋芋充天麻——公开作假

老爷家里当差的——低三下四

老爷庙的旗杆——独根儿

老鹰捕鸡毛掸——一场空

老鹰捕食——见机(鸡)行事

老鹰追兔子——一个天上，一个地下

老玉米里搋白面——粗中有细

老蜘蛛的内脏——满肚子私(丝)

老蜘蛛跑腿——办私(丝)事

勒紧裤带拉二胡——穷快活

勒紧腰带数日月——难过

勒腰蛤蟆——一肚子气

雷打芝麻——专拣小的欺

雷公劈城隍——以上压下

雷公劈辣椒——火辣辣的脾气

雷婆找龙王谈心——天涯海角觅知音

冷锅炒热豆子——越吵(炒)越冷淡

冷库里的五脏——心肠硬

冷水烫鸡——一毛不拔

冷天戴手套——保守(手)

冷天喝滚汤——热心

理发店关门——没头了

理发店修鞋——从上包到下

理发师傅收摊子——没头了

理发师教徒弟——从头学起

鲤鱼戴斗笠——愚(鱼)人

鲤鱼跳船上——不劳(捞)而获

鲤鱼跳龙门——身价百倍

鲤鱼脱钩——死里逃生

李逵卖煤炭——黑上加黑

李林甫当宰相——口蜜腹剑

李世民捏窝窝头——御驾亲征(蒸)

李子掺着葡萄卖——有大有小

俩牛抵角——豁着脑袋干

俩螃蟹打架——纠缠不清

俩山羊抵角——对头

俩兽医抬一头驴——没治了

俩小鬼作仇——死对头

俩哑巴见面——没说的

俩哑巴睡一头——好得没法说

俩哑巴睡一头——无话可说

莲花并蒂开——恰好一对

莲蓬梗打人——思(丝)情不断

莲蓬结籽——心连心

莲藕炒粉条——无孔不入

莲藕生疮——坏心眼

脸蛋贴膏药——眼前就是毛病

脸蛋贴膏药——破相

脸盆里撑船——内行(航)

脸盆里生豆芽——知根知底

脸谱大全——面面俱到

脸上贴膏药——面子上不好看

脸上写字——表面文章

练兵场上的靶子——众矢之的

练武术的不拿刀枪——赤手空拳

凉水淘米——清清白白

梁山伯与祝英台——生死相依

梁山的军师——无（吴）用

梁山的兄弟——志同道合

梁山泊的吴用——足智多谋

梁上吊死人——上不着天，下不着地

梁上君子——不上不下

梁头上吊王八——四脚无靠

梁头上卖肉——好大的架子

梁柱上插针——粗中有细

两分钱的醋——又酸又贱

两分钱一个猪头——脸面不值钱

两个鼻子眼出气——息息相关

两个槌敲一面锣——想（响）到一块儿

两个鼓槌——一对儿

两个肩膀扛张嘴——走到哪里吃到哪里

两个叫花子拜堂——穷凑合

两个喇叭一个调——想（响）到一块儿

两个泥菩萨过河——谁也救不了谁

两个山头上的斑鸠——一唱一和

两个瞎子划拳——虚张声势

两个醉汉睡觉——东倒西歪

两根绳上拴五个蚂蚱——接二连三

两公婆拜年——多此一举

两股道上的车——各走各的路

两口子锄地——不顾（雇）别人

两口子赶集——志同道合

两口子台上扮夫妻——真真假假

两口子推磨——同心协力

两手架鼓——等着挨敲

两只脚塞进一只靴子——寸步难行

两只手写对联——双管齐下

两只眼盯着一个小钱——见钱眼开

猎犬撵兔子——跟踪追击

猎人出门遇上兔子出窝——巧得很

猎人家闯进一只黄羊——送上门的肉

林黛玉葬花——自叹命薄

林子里的斑鸠——一对儿

临嫁的姑娘——满面春风

临渴才掘井——来不及

临老得了摇头病——身不由己

临老学鼓手——心有余而力不足

临死还吃黄连——命苦

临刑唱曲——视死如归

刘邦攻项羽——反败为胜

刘备编草鞋——内行

刘备三请诸葛亮——思贤心切

刘伯温的八卦——神机妙算

刘禅乐不思蜀——忘本

刘姥姥坐席——洋相百出

柳树抽芽——自发

柳树的屁股——坐下就扎根

柳树雕的娃娃——木头人

六十岁生娃娃——好事难盼

六十岁学吹鼓手——赶时髦

六月穿皮袄——自找罪受

六月的斑鸠——不知春秋

六月的暴雨——猛一阵

六月的荷花——众人共赏

六月里穿棉鞋——不识时务

六月里戴毡帽——乱了套

六月里的梨疙瘩——有点酸

六月里的庙堂——鸦雀无声

六月里的蚊子——叮住不放

六月天戴手套——保守(手)

六月天身发抖——不寒而栗

六月贴春联——还差半年

龙门石窟里的佛像——老实(石)人

龙门石窟里的佛像——靠山硬

龙门阵缺人——摆不起来

龙王吹喇叭——好神气

龙王爷打哈欠——好神气

龙王爷的帮手——虾兵蟹将

龙王爷的后代——龙子龙孙

龙王爷发怒——张牙舞爪

龙王爷翻脸——要变天

龙王爷放火——改行

龙王爷作法——呼风唤雨

龙王长了个偏心眼——旱涝不均

笼子里的鹦鹉——多嘴多舌

笼子里关蚂蚁——来去自由

笼子里过日子——睁眼净窟窿

聋子不怕雷——耐惊耐怕

聋子参加赛歌会——一无所获

聋子看戏——凭眼力

聋子拉胡琴——胡扯

聋子擂鼓,瞎子敲锣——各打

各的

聋子面前夸海口——废话

聋子瞎了眼——闭目塞听

楼顶上的警报器——事出有因（音）

楼上摆盆景——无地自容

搂草打兔子——捎带活

搂着金条睡觉——守财奴

漏斗盛水网兜风——一无所获

漏壶里灌水——永不满足

漏盆里洗澡——快活不多久

芦柴秆做门闩——难撑

芦苇塞竹筒——空对空

鲁班的儿子学木匠——一代传一代

鲁班门前弄大斧——充内行

鲁肃服孔明——五体投地

鲁肃上了孔明船——搞错了

鲁智深当和尚——半路出家

鲁智深买肉——挑肥拣瘦

驴踢房檐——谈（弹）不上

驴踢琵琶——乱弹琴

驴头不叫驴头——长脸

驴子赶到磨道里——不转也得转

驴子拉磨——走老路

吕洞宾打摆子——占先（颤仙）

吕洞宾讲故事——神话

吕蒙正盖房子——造谣（窑）

吕蒙正栽跟头——穷疯啦

绿绸衫上绣牡丹——绵上添花

绿头苍蝇怀孕——一肚子屈（蛆）

绿头苍蝇坐月子——抱屈（蛆）

乱葬坟里掷骰子——净是鬼点子

乱葬坟上跳舞——鬼迷心窍

轮船开往亚非拉——外行（航）

轮船上装橹——摆设

轮胎打气——有进有出

轮胎上的气门心——里外受气

罗锅穿背心——出洋相

罗锅跌跟头——两头不着实

罗锅腰上山——钱（前）缺

罗锅作揖——举手之劳

罗汉请观音——客少主人多

萝卜当棒槌——不识货

萝卜雕观音——不是正经材料

萝卜干当人参——不识货

萝卜上坟——哄鬼

萝卜烧猪肉——揩油

箩筐盛石灰——处处留迹

箩筐里面摇元宵——滚蛋

螺丝帽上劲——尽绕圈子

骆驼安鼻子——装相(象)

骆驼进羊圈——不入门

落花满地红——多谢

落了三年黄梅雨——绝情(晴)

落雨天出彩云——假情(晴)

落雨天担禾草——担子越来越重

M

抹布盖牛背——露头角

抹桌布做衣服——不是这块料

抹桌子的布——专拣脏活干

麻袋厂遭火灾——烧包

麻袋换草袋——一代(袋)不如代(袋)

麻袋里装麦秸——草包

麻秆做扁担——担当不起

麻雀吃不下二两谷——肚量小

麻雀叼石磙——嘴上功夫

麻雀剁了身子——光剩嘴

麻雀跟着蝙蝠飞——白熬夜

麻雀和鹰斗嘴——拿性命开玩笑

麻雀开会——细商量

麻雀下鹅蛋——硬逞能

麻线搓绳——合在一起干

麻子敲门——坑到家了

麻子推磨——转着弯儿坑人

马背上的剧团——载歌载舞

马槽里伸出个驴头——多嘴多舌

马蜂的儿子——歹(带)毒

马蜂蜇蝎子——以毒攻毒

马拉车尥蹶子——乱了套

马笼头给牛戴——生搬硬套

马笼头套在牛嘴上——胡勒

马路不拐弯——正直公道

马路旁的电杆——靠边站

马路上安电灯——光明大道

马路新闻——道听途说

马屁股上挂蒲扇——拍马屁

马尾绷琵琶——不值一谈(弹)

马尾拉胡琴——细声细气

马尾拴鸡蛋——难缠

马尾拴饺子——露馅

马戏团的猴子——任人耍

蚂蟥的身子——软骨头

蚂蚁搬家——不是风就是雨

蚂蚁搬泰山——硬逞能

蚂蚁打群架——自相残杀

蚂蚁戴谷壳——好大的脸皮

蚂蚁戴眼镜——好大的脸皮

蚂蚁肚里摘苦胆——难办

蚂蚁回窝——走老路

蚂蚁啃骨头——精神可嘉

蚂蚁过河——抱成团

蚂蚁爬到针尖上——到顶了

蚂蚁爬扫帚——条条是路

蚂蚁爬树梢——好高骛远

蚂蚁抬虫子——齐心协力

蚂蚁抬大炮——担当不起

蚂蚱斗公鸡——自不量力

蚂蚱飞到药罐里——自讨苦吃

蚂蚱配蝗虫——门当户对

蚂蚱头炒盘菜——多嘴多舌

蚂蚱腿上刮精肉——难下手

买把韭菜不择——抖起来了

买个罐子打掉了把——没法提

买个罐子打掉了把——提不起来

买镜子买了个铁圈圈——照见别人,照不见自己

买了麻花不吃——要的就是这个劲儿

买面的进了石灰店——走错了门

买匹布裹脚——宽备窄用

麦场上挂马灯——照常(场)

麦秸秆里看人——小瞧

麦秸装枕头——草包

麦克风前吹喇叭——里外响

麦克风前拉二胡——弦外之音

麦田里种棉花——一举两得

麦子不割砍高粱——专找硬茬

麦子未熟秧未插——青黄不接

卖不出去的狐狸皮——骚货

卖大碗茶的看河水——有的是钱

卖了裤子买镯子——穷讲究

卖了麦子买蒸笼——不蒸馒头争(蒸)口气

卖了鞋子买帽子——顾头不顾脚

卖萝卜的跟着盐担子走——尽管闲(咸)事

卖馒头的搋石灰——面不改色

卖面具的被人抢了——丢脸

卖沙锅的摔跤——砸锅

卖油的不打盐——不管闲(咸)事

卖油条的拉胡琴——游(油)手好闲(弦)

卖杂货的洗手不干——撂挑子

满街挂灯笼——光明大道

满口镶金牙——嘴里漂亮

满园落地花——多谢

满嘴假牙齿——吃软不吃硬

满嘴塞黄连——说不出的苦

满嘴镶金牙——开黄腔

盲人打灯笼——白费蜡

盲人斗拳——瞎打一阵

盲人纺纱——瞎扯

盲人赶庙会——瞎凑热闹

盲人干活——不分日夜

盲人救火——瞎扑打

盲人描图——瞎话(画)

盲人摸象——各有偏见

盲人捂耳朵——闭目塞听

盲人熄灯——瞎吹

盲人捉虱子——瞎抓挠

盲人走路——摸不清东西南北

盲人坐阵——瞎指挥

蟒蛇缠犁头——狡猾(绞铧)

蟒蛇进鸡窝——完蛋

猫额上画王字——虎头虎脑

猫儿扒琵琶——乱弹琴

猫儿不吃腥——冒充斯文

猫头鹰打瞌睡——睁只眼,闭只眼

猫头鹰叫唤——名(鸣)声不好

毛笔掉了头——光棍一条

毛玻璃眼镜——看不清

毛玻璃做灯罩——半明半不明

毛豆烧豆腐——碰上自家人

毛驴子拉磨——原地打转

毛毛虫弓腰——以曲求伸

茅坑边上摔跤——离屎(死)不远

茅房顶上开门——臭名在外

茅房顶上竖大旗——臭名昭著

茅房顶上装烟囱——臭气熏天

茅房里的粪勺子——文(闻)不能文(闻),武(舞)不能武(舞)

眉毛吊磨盘——有眼力

眉毛胡子都生疮——全是毛病

眉毛上安灯泡——明眼人

眉毛上插花——有眼色

眉毛上搭梯子——放不下脸

眉毛上挂灯——心明眼亮

眉毛上挂蒺藜——刺眼

眉毛上挂帘子——不显眼

眉毛上挂猪胆——眼前苦

眉毛上失火——眼红

眉毛涂水彩——有眼色

眉毛上长牡丹——看花了眼

眉毛上招虮子——有眼色(虱)

煤厂移垛——倒霉(煤)

煤灰刷墙壁——一抹黑

煤块掉在雪地上——黑白分明

煤铺的掌柜——赚黑钱

煤铺里卖棉花——混淆黑白

煤球店里搭戏台——一唱三叹(炭)

煤球掉在石灰堆——黑白分明

煤球捅眼睛——霉(煤)透了

煤炭砌台阶——一抹黑

煤油炉生火——心眼不少

没等开口三巴掌——不由分说

没底的棺材——成(盛)不了人

没读《四书》上考场——听天由命

没舵的船儿——放任自流

没蒂的葫芦——抓不住把柄

没头的苍蝇——瞎起哄

没头的蚂蚱——瞎蹦

没眼儿猪跟着狗叫唤——瞎起哄

没眼儿猪叫——瞎哼哼

没眼判官进赌场——瞎鬼混

门板上画个鼻子——好大的脸皮

门背后的扫帚——专拣脏活干

门洞里敲锣鼓——里外响

门缝里瞧西瓜——原(圆)形毕露

门旮旯里的簸箕——背地里扇

门角安电扇——背地里扇

门角里藏着诸葛亮——暗算

门角里晾衣裳——阴干

蒙上眼睛拉磨——瞎转悠

蒙上眼睛卖豆芽——瞎抓

蒙着脸找婆娘——不知丑俊

蒙着脑袋走棋子——轻举妄动

蒙着眼睛哄鼻子——自欺欺人

蒙住眼睛走路——不走正道

梦里失火喊救命——虚惊一场

梦里拾钱——白欢喜

梦里挖银子——白欢喜

梦里坐飞机——想得高

梦里做皇上——快活不多久

梦中游苏杭——好景不长

梦中游太空——想入非非(飞飞)

弥勒佛吹螺号——一团和气

弥勒佛偷供品——面善心不善

弥勒佛推碾子——杜撰（肚转）

弥勒佛讲新闻——报喜不报忧

弥勒头上筑鹊窝——喜上加喜

米仓里的老鼠——不愁吃

米醋做冰棍——寒酸

米筛挡房门——心眼不少

米筛子打水——一场空

棉花堆里藏珍珠——内中有宝

棉花堆里裹刺——锋芒不露

棉花堆里整人——软收拾

棉花堆上散步——不踏实

棉花铺失火——谈（弹）不得

棉花人救火——自身难保

棉花湿了水——不谈（弹）了

棉花摊在蒺藜窝——难收拾

面筋放在油锅里——越大越空

面口袋改套袖——宽备窄用

面汤锅里洗澡——糊涂人

面条锅里下笊篱——想捞一把

面团儿炸成果子卖——全是虚货

庙背后看神——妙（庙）透了

庙后叩头——心到神知

庙台上长草——慌（荒）了神

庙堂里失盗——神不知鬼不觉

庙堂里算命——疑神疑鬼

篾匠的货——自己编的

篾匠赶场担一担——前后为难（篮）

篾丝儿做灯笼——原谅（圆亮），原谅（圆亮）

篾条捆竹子——自家人整自家人

灭灯念鼓词——瞎说

灭烛看家书——公私分明

摸黑吃桃子——专拣软的捏

摸着光头逗乐——耍滑头

摸着胸口拿钥匙——寻开心

磨刀师傅打铁——不识火色

魔术师变戏法——无中生有

魔术师的本领——弄虚作假

魔术师放烟幕弹——遮人眼目

魔术师演戏——变化多端

墨斗弹出两条线——思（丝）路不对

墨鱼的肚子——黑心肝

墨鱼的肚子——心肠黑

墨汁煮元宵——漆黑一团

陌生人吊孝——死人心里明白

陌路相逢谈恋爱——一见钟情

磨道的驴子——打出来的

磨道放屁——臭一圈

磨道里的驴——跑不了

磨道里找蹄印——步步有点

磨道里走路——没头没尾

磨道驴子断了套——空转一遭

木棒插进炭篓子——倒霉（捣煤）

木船上失火——底子好

木槌敲金钟——不配

木耳烧豆腐——黑白分明

木杆子撑排——一捅到底

木匠挨板子——自作自受

木匠师傅劈劈柴——不在话下

木匠收家什——不干了

木匠手里夺斧子——砸人饭碗

木匠推刨子——打抱（刨）不平

木偶唱戏——装模作样

木偶流眼泪——虚情假意

木偶不叫木偶——傀儡

木偶登场——故作姿态

木偶吊孝——无动于衷

木偶进当铺——把你不当人

木偶谈恋爱——呆头呆脑

木偶上戏台——幕后操纵

木偶跳得欢——总有牵线人

木偶下海——摸不着底

木器店里的棺材——目（木）中无人

木头眼镜——看不透

木头支歪墙——硬顶

木鱼改梆子——还是挨敲的货

木鱼命——一辈子挨打

木鱼张嘴——等着挨敲

N

拿尿盆当帽子——走一路臭一路

拿舌头磨刀——自己吃亏

拿头押宝——玩命干

拿着棒槌当萝卜——不识货

拿着棒槌当针纫——缺少心眼

拿着存折上吊——舍命不舍财

南北大道——不成东西

南极仙翁的脑袋——宝贝疙瘩

南山滚石头——实（石）打实（石）

南天门挂灯笼——四方有名（明）

南天门敲鼓——远近闻名（鸣）

南天门上长大树——顶天立地

脑袋顶上推小车——走投（头）无路

脑袋瓜儿长秃疮——不是好剃的头

脑袋上点灯——头名（明）

脑袋上放钥匙——开头难

脑壳上搽猪油——滑头滑脑

脑壳上顶锅——乱扣帽子

脑壳上顶娃娃——抬举人

脑壳上顶西瓜——滑头对滑头

脑门上抹黄连——苦到头了

脑门上抹糨子——糊涂到顶了

脑门上贴邮票——走人了

脑门上长蒺藜——不是好剃的头

脑门上长瘤子——额外负担

嫩苗苗——根底浅

嫩竹扁担——挑不起重担

嫩竹扁担挑起大箩筐——后生可畏

泥巴匠砌砖——后来居上

泥菩萨掉冰窖——愣（冷）神

泥菩萨怀孕——肚里有鬼

泥菩萨洗脸——失（湿）面子

泥菩萨坐公堂——死官僚

泥鳅打鼓——乱谈（弹）

泥鳅过鱼网——无孔不入

泥人戴纸帽——经不起风雨

泥娃娃的脑壳——七窍不通

泥瓦匠干活——拖泥带水

泥瓦匠收拾家什——不干了

鲇鱼打喷嚏——自我吹嘘（须）

鲇鱼的胡须——稀少

年过花甲不成材——虚度年华

年画上的春牛——离（犁）不得

年近古稀嗅觉低——老鼻子啦

年轻人扛大梁——后生可畏

年三十逼债——催命鬼

年三十晒衣裳——今年不干明年干

碾盘上打盹——想转了

碾盘压碾子——实（石）打实（石）

碾砣掉水塘——不服（浮）

碾砣子雕神像——实（石）心眼

尿壶掉井里——吞吞吐吐

尿盆里起雾——臊气

牛吃荆条——胡编

牛犊子拉犁耙——不打不走

牛犊子扑蝴蝶——看着容易做着难

牛犊子学耕田——上了圈套

牛郎会织女——喜相逢

牛郎配织女——天生的一对

牛郎约织女——后会有期

牛毛羊毛和驴毛——全是痞（皮）子出身

牛羊的肚腹——草包

牛羊入圈鸟落窝——各得其所

女驸马进洞房——一个喜来一个忧

女孩子打架——抓小辫子

女人扎鞋底——千真（针）万真（针）

女婿认不得丈人——有眼不识泰山

暖壶瓶里装星图——胆大包天

暖瓶里装冰棍——没话（化）

暖水瓶爆裂——丧胆

暖水瓶的塞子——赌（堵）气

暖水瓶里装开水——外冷里热

O

藕炒豆芽——内外勾结

藕丝炒韭菜——清清（青青）白白

P

拍一下肩膀屁股痛——浑身是病

拍一下脑壳脚底动——灵透了

潘金莲熬药——暗中放毒

盘古的斧头——开天辟(劈)地

盘古王耍拨郎鼓——老天真

盘山公路——尽绕圈子

盘山公路上开车——弯弯绕

盘子里生豆芽——根底浅

判官错点生死簿——糊涂鬼

判官的肚腹——鬼心肠

判官敲门——催命鬼

判官娶媳妇——鬼打扮

判官讨饭——穷鬼

判官头上抹糨子——糊涂鬼

判官玩魔术——鬼把戏

判决书做衣裳——浑身是罪

盼望长空裂大缝——异想天开

盼望出太阳的姑娘——想情(晴)人

盼月亮从西出——没指望

螃蟹的肉——藏在肚里

螃蟹洞里打架——窝里横

螃蟹过河——七手八脚

螃蟹过街——横行霸道

螃蟹拉车——光走歪道

螃蟹拉蚂蚱——谦虚(牵须)

螃蟹满地爬——到处横行

螃蟹上吊——悬空八只脚

胖大海掉进黄连水——苦水里泡大的

胖子的腰带——不打紧

泡软的豆子——不干脆

炮打林中鸟——一哄(轰)而散

炮筒里装针——心细

盆菜摊上的样品——七荤八素

盆子里摆山水——清秀

捧着空盒上寿——无理(礼)

捧着泥鳅玩——耍滑头

捧着书本骑驴——走着瞧

捧着胸口进当铺——你要当心

捧着鲜花坐飞机——美上天了

披蓑衣的被狗咬——穷人好欺负

皮球上戳眼眼——瘪了

皮球上磨刀——泄气

皮条打人——软收拾

屁股后面挂铃铛——穷得叮当响

屁股后头跟只狼——有后顾之忧

屁股后头光秃秃——绝后

屁股碰到城墙——没退路

屁股上抹香水——不值一文（闻）

屁股上拴石头——累赘

屁股上捅一刀——背后整人

骗子碰到骗子——尔虞我诈

骗子遇扒手——你哄我，我哄你

平地搭梯子——无依无靠

平地里起坟堆——无中生有

平房门前不漏雨——有言（檐）在先

平民百姓见玉帝——一步登天

婆婆穿花袄——老来俏

婆婆一个说了算——没公理

婆婆嘴吃西瓜——滴水不漏

笆箩里睡觉——卑躬（背弓）屈膝

破鞍子对瘦驴——穷凑合

破鞍子对瘦驴——穷凑

破草帽——无边无沿

破夹袄上绣牡丹——只图表面好看

破帽子——露头

破土的春笋——拔尖

破袜子补帽沿——一步（布）登天

破蒸笼蒸馒头——浑身是气

菩萨跺脚——妙（庙）极（急）了

菩萨讲《圣经》——神话

菩萨眉毛上挂霜——愣（冷）神

菩萨屁股底下长草——慌（荒）了神

菩萨碰破皮——伤神

菩萨头上冒烟——好神气

菩萨吞长虫——佛口蛇心

Q

七个钱放两处——不三不四

七个人聚会——三朋四友

七个人睡两头——颠三倒四

七个铜钱对半分——不三不四

七根棒槌堆一堆——颠三倒四

七根扁担丢一旁——横三竖四

七姑八舅抬食盒——彬彬（宾宾）有礼

七鼓八钹——不入调

七斤面粉调了三斤糨糊——尽办糊涂事

七十岁学气功——老练

七仙女放烟火——天女散花

七仙女走娘家——云里来，雾里去

棋盘里的老将——出不了格

旗杆顶上吹喇叭——起高调

旗杆顶上放鞭炮——想（响）得高

旗杆顶上贴告示——天知道

旗杆尖上拿大鼎——艺高胆大

旗杆上吊灯笼——高明

旗杆上挂地雷——空响

骑兵打胜仗——马到成功

骑兵掉河里——人仰马翻

骑马不带鞭——拍马屁

骑马找判官——马上见鬼

骑牛追马——望尘莫及

汽车亮了尾灯——回光返照

汽车前的大眼睛——顾前不顾后

牵牛花攀到钻塔上——架子不小

牵牛花上树——顺杆爬

牵羊进照相馆——出洋（羊）相

牵着肠子挂着肚——放心不下

钳工的手艺——动手就错（锉）

钳工师傅摆手——没错（锉）

钱塘江的潮水——看涨

钱塘江里洗被单——大摆布

生动形象的中华歇后语

94

墙壁上的人影——不是人话（画）

墙缝的蝎子——蜇人不显身

墙缝里的蛇咬人——出嘴不出身

墙角开口——邪（斜）门

墙里的柱子——使暗劲

墙里开花墙外红——美名在外

墙头上睡觉——难翻身

墙头种白菜——难交（浇）

强盗打灯笼——明火执仗

强盗打先锋——贼横

强盗的逻辑——得寸进尺

强盗的面孔——贼眉鼠眼

强盗的钱财——来路不明

强盗伸手——偷偷摸摸

敲不响的木鼓——心太实

敲鼓吹口哨——自吹自擂

敲鼓的倒着走——打退堂鼓

敲鼓碰到放炮的——想（响）到一块了

敲锅盖卖烧饼——好大的牌子

敲着饭碗讨吃的——穷得叮当响

敲着空碗唱曲子——穷乐呵

桥孔里伸扁担——担当不起

桥上搭碉楼——底子空

巧媳妇打扮囡（小孩儿）——一天变个样

巧绣香囊送郎君——心诚

巧姐嫁给巧哥——巧上加巧

俏大姐的头发——输（梳）得光

俏大姐坐飞机——美上天了

青蛇吃山雀——疙疙瘩瘩

青石板上撒石灰——一清（青）二白

青石板上晒棉花——有软有硬

青石板上摔乌龟——硬碰硬

青石板上长蘑菇——无奇不有

青石板做中堂——实话（石画）

青石进了石灰窑——要留清（青）白在人间

青石上钉钉子——硬钻

青蛙跳鼓上——不懂（扑通）

清道夫拉的货——废物

清官断案子——认理不认亲

清洁工遇垃圾——一扫光

清水染白布——空过一场

清蒸鸭子——身子烂了嘴还硬

穷木匠开张——只有一句（锯）

穷人告状——没人理

穷人卖儿女——迫不得已

穷人面前四堵墙——没有出路

秋后的核桃——满人（仁）

秋后的树叶——黄了

秋后的丝瓜——满肚子私(丝)

秋后望田头——找岔(茬)

秋千顶上晒衣服——好大的架子

秋天的高粱——红到顶了

秋天的辣椒——红角儿

秋天的蛤蟆——呱呱叫

秋天的花椒——黑心

蚯蚓打呵欠——土里土气

蚯蚓回娘家——弯弯曲曲

蚯蚓爬石板——无地自容

蚯蚓走路——能曲能伸

蛐蛐儿(蟋蟀)斗公鸡——各有一技之长

蛐蛐儿(蟋蟀)斗公鸡——不是对手

拳头捣蒜——辣手

拳头砸核桃——自己吃亏

R

染布不匀——料不到

染布落到夜壶里——看你怎么摆布

染坊里拜师傅——好色之徒

染坊里吹笛子——有声有色

染坊里的木勺——形形色色

染坊里的衣料——任人摆布

染坊里上吊——色鬼

染匠提小桶——无法摆布

染匠下河——大摆布

热锅炒辣椒——够呛

热锅里爆虾米——又蹦又跳

热锅里的鸭子——窝脖

热锅上的黄豆——蹦得欢

热锅上的蚂蚁——团团转

热锅上的蒸笼——好大的气

热面孔碰到冷毛巾——无情

热汤泡雪花——马上全完

人急跳窗户——不是门

人造牛黄——冒牌货

人造卫星上天——不翼而飞

人字双着写——不从也得从

扔下讨饭篮打乞丐——忘本

扔下铁锤拿灯草——拈轻怕重

日头晒屁股——懒人

日头晒瓮——肚里阴

绒球打鼓——不想(响)

绒球打脸——吓唬人

绒球敲锣——打不响

肉案上的买卖——斤斤计较

肉汤里洗澡——昏(荤)头昏(荤)脑

肉汤里煮元宵——混(荤)蛋

肉丸子掉进煤堆里——漆黑一团

肉馅包子——肚里有货

入伏的高粱——天天向上

入了洞房生孩子——双喜临门

入了殓写祭文——盖棺论定

入秋的高粱——老来红

入伍穿军装——头一回

软刀子割头——不知死活

软骨头卡在喉咙里——张口结舌

软索套猛虎——柔能克刚

S

仨钱买,俩钱卖——不图赚钱只图快

仨钱买匹马——自骑自夸

仨钱买头老叫驴——浑身是毛病

仨钱摄个影——三分贱相

仨月不梳洗——不顾脸面

腮帮贴膏药——不留脸面

腮帮子上拔火罐——不顾脸面

赛场上的运动员——各显其能

赛马场上的冠军——一马当先

三岔口的地保——管得宽

三尺长的被单——顾头不顾脚

三尺长的锯子——又拉又推

三尺长的梯子——搭不上言（檐）

三分钱买个臭猪蹄——贱货

三分钱买个牛肚子——尽吵（草）

三分钱买个小黑瞎子——熊玩艺

三分钱买个鸭头——嘴贱

三分钱买烧饼看厚薄——小气鬼

三分人才七分鬼——人不像人，鬼不像鬼

三伏天穿皮袄——热心

三伏天的冰块——见不得阳光

三伏天的隔夜饭——臭货

三伏天的狗——上气不接下气

三伏天的馊豆腐——变坏了

三伏天孵小鸭——坏蛋多

三伏天刮西北风——莫名其妙

三个人讲两句话——哪里轮得到你

三个手指拣田螺——十拿九稳

三个铜子放两处——一是一，二是二

三个头头一个兵——不知听谁的

三个土地堂——妙（庙）妙（庙）妙（庙）

三个小鬼丢了俩——失魂落魄

三个妖魔戏白骨精——尽耍鬼把戏

三个醉汉撒酒疯——闹个不停

三根缆绳拴两边——使偏劲

三更半夜见太阳——离奇

三花脸戴英雄巾——假充好汉

三花脸照镜子——丑相

三间房子两头住——谁也不认谁

三间瓦房不开门——怪物（屋）

三脚凳子搭床脚——坐卧不安

三角锉刀——面面有用

三节棍上天——诽谤（飞棒）

三斤半干饭没吃饱——饭桶

三斤半鸭子二斤半嘴——多嘴多舌

三九天的冰棍——没人理

三九天的豆腐干——冷冰冰，硬邦邦

三亩地里一棵谷——单根独苗

三亩竹园出棵笋——独一无二

三年不开窗——闷死了

三年不漱口——一张臭嘴

三年不下雨——多情(晴)

三色圆珠笔——多心

三升米的粑粑——难处(杵)

三十里地不换肩——担子越来越重

三十亩地一头牛——安居乐业

三十年的旧棉絮——老套子

三岁的小孩看戏——凑热闹

三岁死了娘——说来话长

三岁小孩贴对联——上下不分

三岁置棺材——早晚有用处

三堂审苏三——真相大白

三套锣鼓娶媳妇——蛮红火

三头六臂——多面手

三天不偷装老大——假正经

三天打鱼,两天晒网——磨洋工

三天卖不出去的猪下水——一副坏心肠

三天没吃饭——肚里没货

三条腿的毛驴——没跑

三碗稀饭换碗面——没有多少便宜占

三下五去二——一个不留

三张纸糊个脑袋——脸面不小

三丈长的扁担——摸不着头尾

三只脚的板凳——不稳当

三只脚的板凳——坐不稳

三只手管粮仓——不放心

三锥子扎不出一滴血——皮厚

《三字经》横念——人性狗(苟)

嗓门里喷胡椒面——够呛

嗓子里塞棉花——喘不上气

嗓子眼里吞擀面杖——直来直去

嗓子眼里长骨头——有口难言

臊狐狸见不得关二爷——邪不压正

扫帚戴草帽——装人样

扫帚画花——粗枝大叶

扫帚写生——大话(画)

扫帚写诗——说大话

扫帚作揖——拜把子

沙地里拔萝卜——干脆利索

沙地上推小车——一步一个脚印

沙堆里放炮仗(爆竹)——闷声不响

沙锅炒豆子——崩了

沙锅炖牛头——盛不下

沙里淘金——没多大一点

沙漠里的红柳——不怕风雪

沙漠里的骆驼——处处留迹

沙漠里的舟船——寸步难行

沙滩里晒谷子——自找麻烦

沙滩里栽花——难生根

沙滩上的黄鳝——滑不到哪里去

沙滩上的楼阁——根基不稳

沙滩上的石子——俯拾皆是

沙滩上钓鱼——无稽之谈

沙滩上寻针——难极了

沙滩上种水稻——难办

沙窝里淘米——自身难保

沙窝里种荞麦——不成

沙子里淘金——积少成多

沙子筑坝——后患无穷

杀鸡割破胆——自讨苦吃

杀鸡给猴看——惩一儆百

杀鸡取蛋——得不偿失

杀鸡用牛刀——小题大作

杀鸡用上宰牛的劲——真笨

杀人不见血——凶狠手辣

杀猪的改行——放下屠刀

杀猪分下水——人人挂心肠

杀猪开膛——搜肠刮肚

杀猪捅屁股——外行

杉木杆顶破墙——宁折不弯

傻小子吊孝——哭了半天，不知死的是谁

傻子不识打更——敲竹杠

傻子吃荷叶肉——解不开

傻子打赌——说了不算

傻子打老子——白挨

傻子赶庙会——光图热闹

傻子活了九十八——虚度年华

筛子盛水——一场空

筛子当门扇——难遮众人眼

筛子底下的糠皮——没多少斤两

筛子放哨——眼睛多

筛子里的米粒——无孔不入

筛子下面的面粉——面面俱到

筛子做锅盖——到处泄气

晒裂的葫芦——开窍了

扇蒲扇打蚊子——一举两得

扇着扇子聊天——说风凉话

山坳上的松树——饱经风霜

山半腰遇大虫——心惊肉跳

山沟里叫喊——有回音

山谷的回声——不平则鸣

山涧发洪水——势不可当

山涧里坐船——行不通

山狸子进寨——无事不来

山里的狐狸——狡猾透了

山里的石头——雷打不烂，风吹不动

山里的五步蛇——最毒

山里的竹笋——钻劲大

山上喊话山下答——遥相呼应

山上开梯田——步步高

山上找鱼虾——没影的事

山头放纸鸢——出手高

山头上搭戏台——高高在上

山头上对歌——一唱一和

山头上看飞机——高瞻远瞩

山羊爱石山,绵羊恋草滩——各有所好

山羊吃薄荷——食而不知其味

山羊打架——勾心斗角

山羊额头的肉——油水不大

山羊见了老虎皮——望而生畏

山羊拉车——不听那一套

山中的野猪——嘴巴好厉害

山猪嘴里的龅牙——包不住

山字垛山字——请出

鳝鱼的脑袋——又奸(尖)又猾(滑)

伤风鼻塞——似通非通

伤风流鼻涕——甩了

伤口上撒盐巴——疼痛难忍

伤口上长毒疮——坏到一块了

商店里的样品——摆设

赏月偏遇连阴天——扫兴

上岸的鱼虾——胡蹦乱跳

上不着天,下不着地——两头不着实

上厕所不解腰带——自便

上朝不带奏折——忘本

上等轮胎——有气难出

上等牙刷——一毛不拔

上房拆梯子——断了后路

上坟不摆刀头肉——哄鬼

上坟烧纸钱——自家人哄自家人

上山打柴,下河摸鱼——见机行事

上山砍柴,过河脱鞋——到哪说哪

上树打跟头——爬得高,跌得重

上树逮麻雀——连窝端

上树捉鱼虾——空扑一场

上水顶风船——来之不易

上膛的子弹——一触即发

上套的猴子——任人耍

上吐下泻——两头忙

上鞋不用锥子——真(针)好

上弦的月亮——两头奸(尖)

上眼皮看下眼皮——目光短浅

烧红的煤炭吞下肚——心里

有火

烧红的生铁——越打越硬

烧火棍子——一头冷来一头热

烧火拉风箱——直来直去

烧焦了的馍馍——干巴巴

烧了三炷香,放了七个屁——行善没有作恶多

烧煤油炉子——火不打一处来

烧屋赶耗子——得不偿失

烧香忘磕头——未尽心意

烧香遇到活菩萨——求之不得

烧窑的盖房子——一举两得

烧窑的火叉——直进直出

烧窑师傅掭火箸(火筷子)——倒霉(捣煤)

勺子碰锅沿——常有的事

少林寺的拳师——软硬功夫都有

少年长白发——未老先衰

少小离家老大回——面目全非

蛇吃鸡蛋——囫囵吞

蛇吃小耗子——囫囵吞

蛇吞扁担——直脖啦

蛇钻窟窿——顾前不顾后

蛇钻竹筒——直出直入

蛇钻竹筒——没有回头的余地

舌头上生疖疮——说不出好话来

舌头舔鼻尖——差一大截

舌头舔鼻尖——休想

舌头咽到肚子里——说不得

舌头长疮——难开腔

舍得买马,无钱置鞍——大处不算小处算

舍了脊梁护胸膛——顾前不顾后

舍身崖边弹琵琶——临危不乱

舍身崖上摘牡丹——贪花不顾生死

射击场上的靶子——漏洞百出

射箭没靶子——无的放矢

深山老坟堆——久慕(墓)

深山老林的枯树——无用之材

深山里打猎,大海里捕鱼——靠山吃山,靠水吃水

深山里的麻雀——没见过世面

深山里的小庙——没香火

深山里敲钟——名(鸣)声在外

身居屋檐下——不得不低头

身披虎皮心发抖——外壮内虚

身上拔汗毛——无伤大体

身上背筛子——浑身是窟窿

身上抹狗屎——走到哪臭到哪

神仙打架——凡人遭殃

神仙的茅坑——没有份(粪)

神仙女下凡间——天配良缘

神像拍胸口——没心肝

神主头上使剪刀——羞(修)先人

生虫的拐杖——不可靠

生虫的核桃——不是好人(仁)

生姜脱不了辣气——本性难移

生就的呆子——一世糊涂

生就的骨头长就的筋——变不了

生吞蜈蚣——百爪挠心

生盐拌韭菜——各人所爱

圣人从军——能文能武

圣人盗书——文明人不做文明事

圣人遭雷击——好心不得好报

师傅当丈人——亲上加亲

师傅收儿当徒弟——一辈传一辈

师傅长胡子——老把式

师字去了横——真帅

虱子躲在皮袄里——有住的,没吃的

虱子钻进麻布眼——伸头容易缩头难

失群的大雁——孤孤单单

失意人逢得意事——一番欢喜一番愁

失踪的飞机——下落不明

湿柴火烧锅——憋气又窝火

湿煤压火——闷(焖)起来了

湿身滚进石灰——难脱身

湿手扒灰面——难脱手

湿手扒石灰——难脱手

石板上钉钉——硬碰硬

石板上种瓜——难发芽

石沉大海——无影无踪

石灰水刷标语——净写别(白)字

石灰窑安电灯——明明白白

石匠的凿子——专拣硬的克

石匠会铁匠——硬对硬

石臼里舂线团——捣乱

石臼里栽葱——硬到底

石臼里装阎罗王——捣鬼

石榴脑袋——点子多

石榴树上挂醋瓶——又酸又涩

石榴树做棺材——横竖不够料

石马塞进车辕里——生搬硬套

石盘子下的竹笋——难出头

石人张嘴——没话

石狮子得病——不可救药

石头缝里长青藤——根子硬

石头缝里长竹笋——憋出来的

石头缝里捉鳖——十拿九稳

石头人嘴里灌米汤——滴水不进

石头上磨刀——硬对硬

石头扎针灸——没反应

石头子地里摔跤——碰得头破血流

石头子孵小鸡——一成不变

石头做的心——无情无义

石柱子戴草帽——凑人头

十八般武艺全使出来——大显身手

十冬腊月出房门——动（冻）手动（冻）脚

十冬腊月掉水缸——凉了半截

十二月的白菜——动（冻）了心

十个人排四队——三三两两

十个婆婆拉家常——说长道短

十两酒装进一斤瓶——正好

十两纹银——一定（锭）

十亩园里一根草——单根独苗

十亩竹园一根笋——格外珍贵

十三陵的石人——站惯了的

十三陵的石人张大嘴——没话

十套锣鼓一起敲——热闹

十天九雨——缺少情（晴）意

十天跑完万里长征——一日千里

十五的月亮——圆圆满满

十五个吊桶打水——七上八下

十月的芥菜——齐心

十月的倭瓜——一肚子私（丝）

十盏明灯熄五盏——半明半不明

十字路口迷了向——不分东西

十字路口贴告示——众所周知

十字路口敲锣——四方闻名（鸣）

十字路口行车——四通八达

实心饺子——不搀假

实心竹子——一窍不通

拾粪的敲门——寻死（屎）

拾粪老汉起五更——找死（屎）

拾个秤砣砸烂锅——得不偿失

拾根棒棒当香烧——哄死人

拾根鸡毛当令箭——少见多怪

拾鸡毛扎掸子——凑数

拾钱贴告示——不贪意外之财

拾芝麻凑斗——非一日之功

收割了的庄稼地——一溜精光

收了白菜种韭菜——清（青）白传家

收了庄稼到田间——找岔（茬）

手背上长白毛——老手

手长袖子短——顾不上

手长袖子短——高攀不上

手长袖子短——拉扯不上

手里提上秃镐头——没有把握

手榴弹爆炸——心胆俱裂

手榴弹的尾巴——拽不得

手拿刀把子——有把柄可抓

手拿谜语猜不出——执迷（谜）不悟

手帕当被子——遮不了丑

手帕做床单——横竖不够料

手捧鸡蛋过河——小心过度（渡）

手长六指头——节外生枝

手掌穿靴子——行不通

手掌上的纹路——明摆着

手掌削铅笔——快手

手掌心放烙铁——自作自受

手指抠伤口——触到了痛处

手指头抹胶水——沾（粘）上了

手抓刺猬——又刺又痛

手抓糨糊——甩不掉

守着火炉吃冰棒——冷热结合

守着老虎睡觉——不知死活

守株待兔——难得

受潮的火柴——有火发不出

受潮的麻花——不干脆

受潮的米花糖——疲（皮）了

受旱的苦瓜——熟得早

受贿的酒宴——不是好吃的

受惊的麻雀——胆子小

寿星老儿插草标儿——倚老卖老

寿星老儿唱歌——老调子

寿星佬唱歌——老腔老调

寿星卖了张果老——倚老卖老

瘦驴拉硬屎——硬逞能

瘦驴拉重载——受不了

瘦子割膘——办不到

瘦子光膀子——露骨

舒服他娘哭半夜——舒服死了

梳头姑娘吃火腿——游（油）手好闲（咸）

梳妆台上的镜子——明摆着

输了的赌徒——垂头丧气

输了的象棋——定局了

书桌上的笔筒——粗中有细

熟人对面不相识——眼力差

熟透的大枣——自来红

熟透的甘蔗——节节甜

熟透的桑葚——红得发紫

熟透了的苹果——红得发紫

熟透了的石榴——合不拢嘴

秫秸秆当门闩——经不住推，也受不住拉

秫秸秆做柱子——顶不住

秫秸秆做栏杆——不牢靠

暑天的老鸹——叫得凶

暑天下冰雹——忽冷忽热

暑天下大雪——少见

黍米做黄酒——后劲大

数冬瓜道茄子——唠唠叨叨

数九寒天穿裙子——抖起来了

数九寒天一盆火——人人喜欢

树叶落下怕打破头——胆小鬼

树叶上的水珠——难长久

树叶遮屁股——不顶用

树叶子掉到河里——随波逐流

树荫里拉弓——暗箭伤人

树枝丫盖房——不是正经材料

树枝做拐杖——光出岔子

树桩上的鸟儿——迟早要飞

竖起大拇指当扇子——自夸

刷子画梧桐——粗枝大叶

刷子没有毛——有板有眼

耍把戏的猴子——让人牵着走

耍把戏的玩刺猬——扎手

耍大刀的唱小生——改行

耍皮影戏的——尽捉弄人

双胞胎比长相——没什么两样

双胞胎睡懒觉——对不起

双车吃士——将军

双锤落鼓——一个音

双扇门上贴门神——一对儿

双手插进靛缸里——左也难（蓝），右也难（蓝）

双手擎根鸡毛——轻而易举

霜打的豆荚——难见天日

霜打的高粱苗——抬不起头来

霜打的辣椒——蔫了

霜打的麻叶——垂头丧气

霜后的大葱——不死心

霜后的桑叶——没人睬（采）

霜降后的蝈蝈——没几天叫头

霜降后的萝卜——动（冻）了心

水边盖楼房——首当其冲

水兵的汗衫——道道多

水池里拾蟹子——十拿九稳

水缸里洒油滴——两分离

水壶里扔秤砣——砸啦

水浇石灰船——没得救

水进葫芦——吞吞吐吐

水晶菩萨——神明

水井放糖精——甜头大家尝

水龙头不关——自流

水面打一棒——无痕迹

水面上的油花——漂浮

水泥柱当顶门杠——大老粗

水桶烂了底——两头空

水桶里扎猛子——难回头

水推菩萨——绝妙(庙)

水仙不开花——装蒜

水煮驴皮胶——难熬

水煮石头——难熬

顺风顺水船不动——不对头

顺风顺水行船——快上加快

顺脚印走路——步人后尘

顺梢吃甘蔗——一节比一节甜

顺藤扒地瓜——追根求源

顺着梯子下矿井——步步深入

说书的收了三弦琴——不谈(弹)了

说书的走江湖——全凭一张嘴

说书的嘴,唱戏的腿——有伸有缩(说)

说书的坐板凳——能说不能行

说书人落泪——替古人担忧

说着正东往西走——言行不一

丝绸口袋装狗屎——白糟踏

丝绸绣腊梅——锦上添花

丝瓜筋打老婆——装腔作势

司马夸诸葛——甘拜下风

司马懿破八卦阵——不懂装懂

司马遇文君——一见钟情

司马昭之心——路人皆知

司务长打爹——公事公办

司务长发军装——一套一套的

死胡同里赶大车——行不通,走不通

死鸡撑硬颈——强打精神

死牢里的囚犯——谁也甭想出去

死了爹哭妈——混小子

死了耗子猫来哭——假慈悲

死了没人抹眼皮——断子绝孙

死了三年的老鸹——光剩嘴

死了丈夫没了儿——孤家寡人

死了丈人哭爹——随大流

死马当活马骑——妄想

死人堆里的老鼠——眼红

死人托梦——阴魂不散

死人下葬——永无出头之日

死鱼的眼睛——定了

死诸葛吓走活仲达——生不如死

四川的担担面——又麻又辣

四大金刚拿豆鼠子——大眼瞪小眼

四大金刚讨饭——穷凶极恶

四大金刚腾空——不着实地

四大金刚摇船——大摇大摆

四个菩萨仨猪头——哪有你的份

四两花椒炖只鸡——肉麻

四两棉花八张弓——细谈(弹)细谈(弹)

四面八方都有客——朋友遍天下

四面脑勺子——没脸

四扇屏里卷灶王——话(画)里有话(画)

四十里地不换肩——抬杠的好手

四棱子眼睛——六亲不认

四肢长胡子——毛手毛脚

寺里起火——妙哉(庙灾)

寺里起火——慌了神

寺庙的木鱼——任人敲打

松了腰带抬石头——没劲儿

松鼠的尾巴——翘得高

松树林里挂灯笼——万绿丛中一点红

宋徽宗的鹰,赵子昂的马——好话(画)儿

宋江的绰号——及时雨

宋江怒杀阎婆惜——逼出来的

宋太祖陈桥兵变——取而代之

送丧路上遇旋风——祸不单行

送走客人做饭吃——吝啬鬼

馊饭霉馒头——不对味

馊饭抹脑壳——霉到顶了

酥油里插刀子——迎刃而解

苏妲己打喷嚏——妖气

苏妲己的妈妈——老狐狸精

苏妲己献媚——残害忠良

苏木当柴烧——不识货

苏三上公堂——句句实话

苏州的蛤蟆——难缠(南蟾)

蒜瓣子顶门——头多

蒜地里栽辣椒——一茬比一茬辣

蒜薹拌藕——对上眼了

蒜薹发权——二杆子

算卦先生的葫芦——肚里有鬼

算卦先生的签袋子——一肚子鬼

算盘珠子——不拨不动

算盘子进位——以一当十

孙膑吃狗屎——装疯卖傻

孙庞斗智——不是你死,就是我亡

孙猴子半天云里打眼罩——站得高,看得远

孙猴子变戏法——无中生有

孙猴子的脸——变化无常

生动形象的中华歇后语

108

孙猴子上了花果山——称王称霸

孙猴子上天宫——得意忘形

孙猴子上玉皇殿——闹得天翻地覆

孙猴子守桃园——自食其果

孙猴子跳出水帘洞——好戏在后头

孙猴子压在五行山下——永世不得翻身

孙猴子着了急——抓耳挠腮

孙权杀关公——嫁祸于人

孙权招妹夫——弄假成真

孙武训宫女——纪律严明

孙武用兵——以一当十

孙悟空拔猴毛——转眼就变

孙悟空保唐僧——忠心耿耿

孙悟空变魔术——花样多

孙悟空过火焰山——天大的困难也不怕

孙悟空进了八卦炉——越练（炼）越结实

孙悟空拿猪八戒——能人之上有能人

孙悟空闹天宫——犯上作乱

孙悟空赴蟠桃会——不请自到

孙悟空七十二变——花样多

孙悟空三打白骨精——降妖拿怪

孙悟空手里的金箍棒——随心所欲

孙悟空跳出老君炉——捂不住

孙悟空听见紧箍咒——头痛

孙悟空西天取经——大显神威

孙悟空遇到如来佛——无法可使

榫头钉铁钉——双保险

榫头里的楔子——硬挤

笋壳套牛角——正合适

笋子变竹——越来越高

唆人跳海——硬往死里逼

梭引红线穿绿线——泾渭（经纬）分明

梭子不挂线——空来往

梭子顶头——奸（尖）对奸（奸）

梭子顶头——一个比一个尖

蓑衣上绣花——基础差

蓑衣上绣花——底子不行

唢呐里吹出笛子调——想（响）不到一块

唢呐里吹出笛子调——想（响）的不一样

T

塌鼻子戴眼镜——靠不住

塌鼻子戴眼镜——没处搁

塌锅干饭——闷(焖)起来了

塔顶散步——走投无路

塔尖上点灯——高明

踏死蛤蟆肚子胀——好大的气

踏着脖子敲脑壳——欺人太甚

台上唱戏，台下打鼾——看不上眼

台上耍魔术——假的

台上握手，台下踢脚——翻脸不认人

台上握手，台下踢脚——两面派

台子上面收锣鼓——没戏唱了

抬着棺材赴战场——要拼命

抬着食盒爬上树——言之(沿枝)有理(礼)

太太看上当差的——倒贴

太监娶媳妇——痴心妄想

太平洋搬家——翻江倒海

太平洋的海鸥——经过风浪

太平洋里下钩子——放长线钓大鱼

太平洋里一滴水——微不足道

太平洋上的警察——管得宽

太上老君开处方——灵丹妙药

太岁头上动土——胆大包天

太阳底下的洋葱——皮焦根枯心不死

太阳底下点灯——多余

太阳上点火——聊(燎)天

太阳下面的雪人——难长久

太阳照到墙洞里——见缝就钻

泰山顶上唱大戏——唱高调

泰山顶上搭架子——越来越高

泰山顶上观日出——登高望远

泰山顶上散步——没奔头

泰山顶上添捧土——无济于事

贪食拉肚子——吃了嘴的亏

贪嘴的鱼儿——爱上钩

谈判桌上的交易——讨价还价

谈心不点灯——说黑话

坛子里和面——搭不上手

坛子里头栽花——冤屈(圆曲)死了

坛子里睡大觉——憋得难受

坛子里腌咸菜——泡汤了

坛子里抓辣豆瓣——辣手

坛子里装泥鳅——滑不到哪里去

弹花店挂弓——不谈(弹)了

弹花铺里打铁——软硬兼施

弹簧身子蚂蟥腰——能屈能伸

弹棉花的戴乌纱帽——有功(弓)之臣

檀香木劈劈柴——大材小用

檀香木旋棒槌——不惜代价

檀香木做锅盖——用材不当

檀香木做烧火棍——屈材

汤罐煮鸡头——突出一张嘴

汤锅里的小麦——面熟

汤锅里放黄连——有苦大家吃

汤圆掉煤堆——黑白不分

汤圆落在灶坑里——洗不净

唐朝的茶杯——老古词(瓷)

唐朝的擀面杖——老光棍

唐三藏过火焰山——没咒念

唐僧读佛经——出口成章

唐僧害嘴病——没咒念

唐僧跑进和尚庙——同吃一碗斋饭

唐僧取经——千辛万苦

唐僧上西天——一心取经

唐僧遇见白骨精——敌我不分

糖包子蘸碱水——自讨苦吃

糖炒板栗——熟了就崩

堂前中央挂灯笼——正大光明

堂屋挂兽皮——不像话(画)

堂屋挂碾盘——实话(石画)

螳臂挡车——自不量力

螳螂挡车逞霸道——没有好下场

螳螂肚子蛤蟆嘴——怪模怪样

螳螂落油锅——全身都酥了

螳螂捕蝉——不顾后患

躺倒的枯树——腐朽

躺在粪堆上睡觉——不知香臭

躺在功劳簿上睡大觉——沾沾自喜

躺在棺材里想金条——贪心鬼

躺在怀里的猫儿——俯首贴耳

烫手的粥盆——扔了心痛,不扔手痛

烫死的鸭子——身子烂了嘴还硬

掏大粪的做知县——底子臭

掏耳朵用马勺——小题大做

掏干油罐子煎豆腐——不惜代价

桃花潭水深千尺——无与伦比

桃子掉地上——熟透了

桃子破肚——杀身成仁

逃荒的落户——举目无亲

逃了和尚有庙在——尽管放心

逃难跑到死胡同——绝路一条

陶工手里的黏土——得心应手

陶器店里买钵头——一套一套的

讨吃的敬神——穷恭敬

讨吃的喂猴——玩心不退

讨饭的搬家——光棍一打

讨饭的摆酒席——穷排场

讨饭的吹笛子——穷开心

讨饭的登戏场——穷快活

讨饭的赴宴——罕见

讨饭的起五更——空劳神

讨饭的娶老婆——一对穷

讨饭找马骑——不识时务

讨媳妇嫁女儿——一进一出

套裤里伸腿——两岔

套马杆探月亮——痴心妄想

套马杆子顶草帽——奸(尖)的出头

套袖改袜子——没底儿

套着大车卖煎饼——贪(摊)得多

藤长根短——头重脚轻

藤萝爬上葡萄架——纠缠不清

藤攀枯树——乱纠缠

剔光了肉的排骨——没多大油水

剔光了肉的排骨——油水不大

剔了肉的猪蹄——贱骨头

提扁担进屋——直来直去

提马灯下矿井——步步深入

提着扁担串门子——直出直入

提着尺子满街跑——量人不量己

提着醋瓶借钱——穷酸

提着灯笼打柴——明砍

提着灯笼拾粪——找死(屎)

提着灯笼行窃——明目张胆

提着口袋倒核桃——一个不留

提猪头进庙——找错了门

剃头的头发长,修脚的脚生疮——先人后己

剃头的歇工——没人理

剃头刮脊梁——管得宽

剃头匠发火——置之不理

剃头匠使锥子——一个师傅一个传授

剃头铺关门——没人理

剃头剃个光脑壳——头名(明)

剃头挑子——一头冷来一头热

剃头捉虱子——一举两得

天井院里的竹竿——无依无靠

天空的浮云——下落不明

天空的浮云——一吹就散

天冷偏烤湿柴火——对着吹

天亮才烧炕——晚了

天灵盖上长眼睛——目中无人

天平没砝码——两头空

天平上称大象——不知轻重

天平上称体重——把人看轻了

天平上乱加码子——不公平

天桥的把式——光说不练

天然牛黄——宝贝疙瘩

天上的彩虹——好景不长

天上裂了缝——日月难过

天上一脚,地下一脚——谁也不挨谁

天生的黄鳝——成不了龙

天生的柳条子——成不了材

天塌了用头顶——假充好汉

田埂上搭桥——不是路

田里的蚯蚓——满肚子疑(泥)

田里的庄稼——土生土长

田螺爬在旗杆上——唯我独尊

田鼠要走家鼠步——瞎逞能

田鼠走亲戚——土里来,泥里去

田头训子——言传身教

甜点心敬财主,糠窝窝送乞丐——看人行事

甜糕蘸蒜汁——不对味

甜糕蘸蒜汁——不是味儿

甜酒里对水——亲(清)加亲(清)

挑担的松腰带——没劲儿

挑脚的穿大褂——冒充斯文

挑雷管上山——担风险

挑石登泰山——谈何容易

挑水带洗菜——两不耽误

挑水的扁担——长不了

挑水的娶个卖菜的——志同道合

挑水的逃荒——背井离乡

挑水骑单车——本领高

挑雪堵洞——劳而无功

挑雪堵窟窿——白费工夫

挑盐巴腌海——尽干傻事

挑一担子瓦罐过河——操心过度（渡）

跳上岸的大虾——离死不远

跳上舞台凑热闹——逢场作戏

跳网的鱼儿又吞钩——祸不单行

跳舞的脚步——有进有退

跳蚤戴串铃——假充大牲口

跳蚤顶被窝——心有余而力不足

跳蚤放屁——小气

铁杵对铜臼——硬捣

铁杵磨绣针——非一日之功

铁炊帚刷铁锅——都是硬货

铁锤打钢钎——硬对硬

铁锤打夯——层层着实

铁锤打纸鼓——不堪一击

铁锤跌在橡皮上——一声不响

铁锤擂山石——干净利索

铁锤敲钟——响当当

铁打的钉耙——是把硬手

铁打的饭碗——砸不坏，摔不破

铁打的锁链——一环扣一环

铁钩子搔痒痒——是把硬手

铁公鸡——一毛不拔

铁公鸡还套三道箍——一毛不拔

铁公鸡身上拔毛——甭想

铁拐李把眼挤——你哄我，我哄你

铁拐李摆摊——蹩脚货

铁拐李的葫芦——不知卖的啥药

铁拐李卖跌打药——货真价实

铁拐李碰着吕洞宾——顾嘴不顾身

铁轨上的火车——行得正，走得端

铁锅炒蚕豆——干干脆脆

铁锅碰茶缸——想（响）不到一块

铁匠戴手铐——自作自受

铁匠当军师——打上前去

铁匠的锤子——过得硬

铁匠的围腰——漏洞多

铁匠的砧子——不怕敲打

铁匠改行学绣花——拈轻怕重

铁匠开炉——趁热干

铁匠骂徒弟——不会打

铁匠女儿嫁石匠——硬对硬

铁匠扒火炉——散伙（火）

铁匠铺的东西——打出来的

铁匠铺的料——挨敲打的货

铁匠铺的买卖——都是硬货

铁匠铺开门——动手就打

铁匠铺开张——扇风点火

铁匠铺里打金锁——白费工夫

铁匠铺里的火叉——一头热

铁匠无样——边打边相(端详)

铁匠下乡——寻着打

铁匠绣花——软硬功夫都有

铁裤子放屁——三年出臭味

铁拉锁,子母扣——分久必合,合久必分

铁笼里的老虎——威风扫地

铁笼里装猴子——乱窜

铁笼子里关家贼——正合适

铁路警察——各管一段

铁路警察下站台——管不着那一段

铁牛的屁股——推不动

铁皮葫芦——外强中干

铁人生锈——害自身

铁人遭棍打——不屈不挠

铁刷子抓痒——道道多

铁树开花——千载难逢

铁树开花——无结果

铁屑见磁石——密不可分

铁爪捉木鸡——手到擒来

铁嘴豆腐脚——能说不能行

厅堂里的老古董——摆设

听见猫叫骨头酥——胆小如鼠

听评书流泪——替古人担忧

听哑巴唱戏——莫名其妙

亭子里谈心——讲风凉话

通火棍当枪使——打不响

通天的深井——摸不着底

同床异梦——有二心

同吹两把号——想(响)到一块了

同窑烧的砖瓦——一路货

同一池子的水——没什么两样

铜匠的家当——各有一套

铜罗汉 铁金刚——一个比一个壮

铜盘碰上铁扫帚——互不相让

铜钱当眼镜——认钱不认人

铜钱眼里打秋千——小人

童养媳当婆婆——慢慢熬

童养媳拿钥匙——做不了主

童子带路——以小引大

偷吃辣椒挨耳光——里外发烧

偷鸡不成蚀把米——得不偿失

偷来的喇叭——别吹了

偷猪不成摸只鸡——不落空

头穿袜子脚戴帽——一切颠倒

头顶轿子——抬举人

头顶上长眼睛——旁若无人

头顶生目,脚下长手——眼高手低

头发打摆子——毛病

头发里找粉刺——吹毛求疵(刺)

头发冒烟——恼(脑)火

头发丝吊大钟——千钧一发

头上顶灯笼——高明

头上顶鱼篓——想戴高帽子

头上害疮——坏到顶了

头上砍一刀——伤脑筋

头上站鸭子——顶呱呱

头上长疮,脚底流脓——坏透了

头上长疙瘩——额外负担

头雁中弹——乱了群

头痒抓脚板——找错了地方

头枕元宝——守财奴

图书馆的耗子——蚀(食)本

图书馆的家当——尽是输(书)

图书馆失火——自然(字燃)

屠场里的肥猪——等死

屠夫杀鸡——难不住

屠夫杀羊——内行

屠夫说猪,农夫说谷——三句话不离本行

屠夫送礼——提心吊胆

屠夫挑内脏——两头担心

屠夫宰鸡鸭——不在话下

屠户的账本——血债累累

土蚕钻进花生壳里——假充好人(仁)

土地公和土地婆——孤寡一对

土地喊城隍——神乎(呼)其神

土地佬打玉皇——犯上作乱

土地佬升参谋——诡(鬼)计多端

土地佬腾空——神气(起)来了

土地庙里的菩萨——没见过大香火

土地庙里敬观世音——找错了菩萨,烧错了香

土地庙没顶——神气通天

土地庙上开窗——神气通天

土地爷搬家——走了神

土地爷穿素服——白跑(袍)

土地爷的五脏——实(石)心实(石)肠

土地爷跟城隍打架——神鬼不安

土地爷管龙王——以上压下

土地爷开银行——钱能通神

土地爷拉弓——色(射)鬼

生动形象的中华歇后语

土地爷离了庙——神不守舍

土地爷理发——鬼头鬼脑

土地爷拿邪——神出鬼没

土地爷死崽——绝妙(庙)

土地爷跳塘——不敢劳(捞)驾

土地爷洗脸——失(湿)面子

土岗子上闹旱灾——山穷水尽

土里埋金——有内才(财)

土楼里造飞机——异想天开

土埋了大半截的人——没多大奔头

土杏核儿——苦人(仁)儿

土杏仁拌苦瓜——苦上加苦

土做的人儿——实心眼

吐鲁番的葡萄——甜透了

吐口唾沫砸个坑——出口有分量

吐口唾沫粘麻雀——痴心妄想

兔儿头,老鼠尾——不伦不类

兔儿爷拍胸口——没心没肝

兔死还要跳三跳——垂死挣扎

兔子扒窝——安家落户

兔子蹦到车辕上——假充大把势

兔子吃年糕——闷了口

兔子打架——上蹿下跳

兔子当牛使——乱套了

兔子的耳朵——灵得很

兔子蹬鹰——以攻为守

兔子掉海里——不着边际

兔子跑到磨道里——假充大耳朵驴

兔子群里一只虎——庞然大物

兔子生耗子——一窝不如一窝

兔子尾巴——长不了

兔子宴请老虎——寅吃卯粮

兔子坐上虎皮椅——六神无主

推人下井还要滚石头——害人不浅

推土机的大铲——吃苦在前

推土机进茅草地——斩草除根

推小车扭屁股——不由自主

推小车上大坡——步步高升

推小车上台阶——步步有坎

推着车子上墙——白费工夫

腿肚子搽粉——过分讲究

腿肚子抽筋——身不由己

腿肚子上贴门神——人走家搬

腿肚子上捅一刀——离心远着哪

腿瘸头歪屁股肿——不是好人

腿上绑轮子——跑得快

腿上绑绳子——拉倒

腿上挂铃铛——走到哪,响

到哪

    腿上贴邮票——走人了

    吞金自杀——人财两空

    吞了烟袋油的蛇——离死不远

    吞砂礓拉石子——吃不消

    托着扁担过马路——横行霸道

    托着手鼓提着竹笛——吹吹

拍拍

    脱钩黄鳝漏网鱼——难兄难弟

    脱缰的野马——无拘无束

    脱裤子放屁——多一道手续

    脱了轨的火车——翻了

    脱了旧鞋换新鞋——改邪（鞋）

归正

    脱手的气球——无牵无挂

    脱衣服烤火——多此一举

    拖车拉泰山——大头在后面

拖拉机爆胎——好大的气

拖拉机加油——来劲了

拖拉机撵火车——老落后

拖拉机犁大田——直来直去

拖着孩子跳井——犹豫不定

驼背上山——不敢回头

驼子背火球——烧包

驼子背上压石头——加重负担

驼子穿背心——遮不了丑

驼子打伞——背时（湿）

驼子坏了腰——卑躬（背弓）

屈膝

驼子捡针——伸手就是

驼子进棺材——两头翘

驼子扛弓——弯弯曲曲

驼子仰面睡——两头不着实

驼子作揖——出手不高

W

挖好肉补烂疮——犯不着

挖井碰见喷泉——好极了

挖肉补脸蛋——忍痛图好看

挖塘甩泥鳅——一举两得

挖窖挖到牢里——自找罪受

娃儿哭了给娘抱——一推了事

娃娃拔萝卜——硬往外拽

娃娃的脸——一日三变

娃娃掉到糨糊盆里——糊涂人

娃娃逗狗——回头一口

娃娃逗娃娃——嘻嘻哈哈

娃娃赶场——东张西望

娃娃供神佛——你哄我，我哄你

娃娃过年——光图吃

娃娃见了娘——喜笑颜开

娃娃嚼泡泡糖——津津有味

娃娃看飞机——人小见识高

娃娃拿到新玩具——爱不释手

娃娃吞胡椒粉——上当一回

娃娃玩菜刀——不是玩艺

娃娃玩肥皂泡——吹起来了

娃娃玩陀螺——原地打转

娃娃学走路——左右摇摆

娃娃鱼爬上树——不是人

娃娃鱼跳龙门——碰得头破血流

瓦房顶上盖蒿草——怪物（屋）

瓦罐里点灯——心里亮

瓦罐里冒烟——土里土气

瓦罐子和土坯子——一路货

瓦匠的婆娘——多疑（泥）

瓦匠碰上鞋匠——帮不上忙

瓦片上凿洞——捅漏子

瓦上的窟窿——漏洞

袜筒改护腕——将就材料

袜子当帽子——臭出头了

袜子头上戴——上下不分

外行人看魔术——莫名其妙

外贸商品不合格——难出口

外婆死了儿——没救（舅）

外甥不在家——有救（舅）

外甥打灯笼——照旧（舅）

外甥打舅——情理难容

外甥当女婿——亲上加亲

外甥披孝——没救（舅）

外甥赴外公的宴席——不客气

外乡人过河——不知深浅

弯扁担吹火——一窍（翘）不通

弯扁担打蛇——两头不着实

弯刀对着瓢切菜——两凑合

弯镰打菜刀——改邪（斜）归正

弯铁条割麦子——拉倒

弯腰捡稻草——轻而易举

玩具娃娃暖被窝——热不了

玩木偶的不出场——幕后操纵

玩木偶拉绳子——幕后操纵

玩狮舞戴道具——改头换面

玩水淹自己——自作自受

玩戏法的丢了猴子——要不起来

玩着滚轮打主意——想转了

碗边上的苍蝇——混饭吃

碗碴子剃头——难受

碗橱里打老鼠——无法下手

碗底的豆子——历历（粒粒）在目

碗店里捉老鼠——碰不得

晚点的火车——赶得上

晚期癌症——没治了

晚期肺结核——空空洞洞

晚上干活——披星戴月

万花筒——千变万化

万顷黄沙一棵草——不显眼

万人坑里响唢呐——死快活

万岁爷掉进井里——不敢劳（捞）驾

万岁爷卖包子——御驾亲征（蒸）

万岁爷剃头——不要王法（发）

万丈高楼失足，扬子江心翻船——好险

万丈悬崖上的鲜花——没人睬（采）

万丈崖上的野葡萄——够不着

汪精卫照镜子——一副奸相

王八背着两面鼓——人前一面，人后一面

王八吃秤砣——铁了心

王八盖上插蜡扦——鬼（龟）火直冒

王八敬神——上不了席

王八拍着盖子吹牛——自圆其说

王八配乌龟——一路货

王八碰桥墩——不敢露头

王八上岸遇雹子——缩头缩脑

王八玩把势——翻了

王八下陡坡——连滚带爬

王八笑乌龟——彼此彼此

王八咬人——叼住不放

王八照镜子——鳖形

王八钻鼠洞——大概（盖）难办

王八钻灶炕——憋气又窝火

王八坐月子——完（玩）蛋

王二麻子打哈欠——全面动员

王麻子当军师——点子多

王二麻子当军师——点子不少

王二麻子照镜子——点子多

王老二赶晚集——不图利

王老虎抢亲——弄巧成拙

王麻子的剪刀——货真价实

生动形象的中华歇后语

120

王麻子哭哥哥——凶（兄）啊

王麻子贴膏药——没病找病

王麻子种牛痘——后悔已晚

王莽使令——一日三变

王母娘娘戴花——老妖艳

王母娘娘得子——天大喜事

王母娘娘缝花袄——神聊（缭）

王母娘娘开蟠桃会——聚精会神

王母娘娘盼吃蒿菜饭——想野味

王母娘娘请客——聚精会神

王母娘娘生崽——天晓得

王婆照应武大郎——不是好事

王七的弟弟——王八

王强害忠良——诡计多端

王熙凤的为人——两面三刀

王熙凤管家——大有大的难处

王熙凤害死尤二姐——心狠手辣

王小二开饭店——看人下菜碟

王小二敲锣——穷得叮当响

王爷的管家——欺上瞒下

王爷的奴才——百依百顺

王爷的宅院——层层深入

王字少一横——土里土气

网包里的田鸡——瞎撞

网袋捞泥鳅——跑的跑，溜的溜

网兜打水——一场空

网兜里放泥鳅——一个不留

网兜装猪娃——露了蹄

网里的鱼，笼中的鸟——跑不了

网套里的麂子——吓破了胆

网外捉鱼——捞外快

网中抓鱼——笃定

往袜子上钉鞋掌——找错了地方

往嘴里抹蜜还咬指头——不知好歹

望风捕影——一场空

望江亭上度中秋——近水楼台先得月

望乡台上搽胭脂——死要面子

望乡台上吹口哨——不知死活

望乡台上掉眼泪——死得好苦

望乡台上抢骨头——馋鬼

望乡台上抢元宝——贪心鬼

望乡台上戏牡丹——死风流

望远镜观天——一孔之见

望远镜照太平洋——一望无涯

望着高炉发愣——恨铁不成钢

围棋盘里下象棋——不对路数

围着火炉吃冰糕——不知冷热

围着火炉吃西瓜——身上暖烘烘,心里甜滋滋

围着火炉喝白干——浑身火热

围着叫花子逗乐——拿穷人开心

桅杆顶上安灯——空挂名(明)

桅杆顶上吹唢呐——四方闻名(鸣)

桅杆上吊布袋——装疯(风)

桅杆上耍猴戏——到顶了

桅杆上响喇叭——高调

桅杆做了顶门杠——大材小用

桅尖上拉二胡——唱高调

卫生口罩——嘴上一套

卫星上天——远走高飞

卫懿公养仙鹤——忘了国家大事

温度计掉冰箱——直线下降

温泉里洗澡——泡病号

温泉里洗澡——冷暖自己知

温室里的花朵——经不起风雨

温室里种庄稼——旱涝保收

温汤罐里煮甲鱼——要死不活

文火煎鱼——慢慢来

文火蒸糕——闷(焖)起来了

文盲贴对子——不分上下

文庙里卖《四书》——冒充圣人

文武大臣见皇上——三拜九叩

蚊虫遭扇打——吃了嘴的亏

蚊虫遭扇打——全坏在嘴上

蚊子唱小曲儿——要叮人

蚊子打哈欠——好大的口气

蚊子的力气——大不了

蚊子的脑袋——大不了

蚊子咬木偶——找错了对象

蚊子咬一口——无伤大体

蚊子找蜘蛛——自投罗网

瓮中鳖盘中鱼——跑不了

瓮中的乌龟——处处碰壁

瓮中捉鳖——手到擒来

蜗牛背"房子"——搬家

蜗牛吃秫秫——顶杆(秆)爬

蜗牛耕田——费力不小,收获不大

蜗牛爬到电杆顶——唯我独尊

蜗牛爬上葡萄架——光想高味

蜗牛赴宴——不速之客

蜗牛赛跑——慢慢来

窝囊废坐天下——无人敢保

窝窝头翻个儿——现眼

窝主分赃——坐享其成

我解缆绳你推船——顺水人情

我心似你心——心心相印

乌狗吃食,白狗当灾——代人受过

乌龟背着地——翻不了身

乌龟变黄鳝——解甲归田

乌龟吃王八——六亲不认

乌龟吃乌贼——黑心王八

乌龟吃萤火虫——肚里明

乌龟出口——活宝

乌龟穿套裤——不成体统

乌龟戴帽子——假充大老倌

乌龟和王八——没什么两样

乌龟进沙锅——丢盔卸甲

乌龟看天——伸伸缩缩

乌龟壳上找毛——白费工夫

乌龟拉车——没后劲

乌龟落秤盘——自称自

乌龟撵兔子——撵不上

乌龟爬岸上——慢腾腾

乌龟爬门槛——早晚要栽跟头

乌龟爬旗杆——想高升

乌龟爬树——无能为力

乌龟请客——尽是王八

乌龟上山——难上加难

乌龟笑兔子尾巴短——彼此彼此

乌龟咬王八——自家人不识自家人

乌龟遭棒打——缩头缩脑

乌龟找甲鱼——一路货

乌江岸上困霸王——四面楚歌

乌拉草掺鸡毛——乱糟糟

乌梢蛇缠脚杆子——又狡(绞)又猾(滑)

乌梢蛇打店——常(长)客

乌梢蛇的肚腹——黑心肝

乌鸦扮孔雀——不伦不类

乌鸦唱山歌——不堪入耳

乌鸦当头过——非灾即祸

乌鸦攀高枝——站惯了的

乌鸦窝里养凤凰——空喜一场

乌鸦一字飞——溜黑货

乌鸦长白毛——怪事一桩

乌鸦钻煤堆——黑对黑

乌鸦吐墨——蒙混人

污水坑里的蛆虫——肮脏货

污水坑里竖旗杆——臭光棍

屋顶落魔鬼——祸从天降

屋里筑篱笆——一家分两家

屋漏偏遇连阴雨——倒霉透了

屋门口的穿衣镜——正大光明

屋檐上挂马桶——臭名在外

屋檐水滴窝窝——点点不差

屋檐下吊陀螺——不上不下

屋檐下的冰凌——根在上边

巫婆扮凶神——又丑又恶

巫婆跳神——故弄玄虚

巫婆下神——装神弄鬼

巫婆摇铃招魂——自欺欺人

巫师的行当——做人又做鬼

巫师驱鬼——装模作样

巫师转行——弃恶从善

无边的大海——不知深浅

无柄的菜刀——没有把握

无病呻吟——装模作样

无底的箱子——装不满

无舵的船——随波逐流

无儿无女的老寡妇——绝后

无事钻烟囱——自己给自己抹黑

无头的苍蝇——瞎撞

无头的乱麻——一团糟

无头的蚂蚱——蹦不了几天

无王的蜜蜂——乱了群

无心的蜡烛——点不亮

无弦的琵琶——谈（弹）不得

无罪戴枷板——太冤枉

吴刚砍桂树——没完没了

吴三桂引清兵——吃里爬外

蜈蚣见公鸡——命难逃

蜈蚣遇到眼镜蛇——一个比一个毒

忤逆子戴孝——装模作样

忤逆子戴孝——装样子

忤逆子讲《孝经》——做作

武大郎抱石柱——毫不动摇

武大郎的扁担——不长不短

武大郎的脚指头——一个好的也没有

武大郎的身子——不够尺寸

武大郎肚子痛——死到临头

武大郎放风筝——出手不高

武大郎卖豆渣——要人没人，要货没货

武大郎卖面包——人土货洋

武大郎卖盆——一套一套的

武大郎骑骆驼——能上不能下

武大郎娶妻——凶多吉少

武大郎上吊——上下够不着

武大郎耍棍子——人熊家伙笨

武大郎算卦——凶多吉少

武大郎跳井——熊到底了

武大郎跳舞——抱粗腿

武大郎玩夜猫子——各人所好

武科场上选将——有本事就上

武松打店——一家人不认一家人

武松打虎——艺高胆大

武松打猫——小意思

武松打兔子——英雄无用武之地

武松喝啤酒——不过瘾

舞台上拜天地——痛快一时

舞台上的道具——任人摆布

舞台上的灯光——引人注目

舞台上的二人转——一唱一和

舞台上的鼓槌——一对儿

舞台上的皮影戏——幕后操纵

五百罗汉斗观音——兴师动众

五百年前的老槐树——盘根错节

五百铜板两下分——二百五

五百铜钱串一处——半吊子

五尺布做裤衩——宽打窄用

五尺檩条盖鸡窝——屈材

五尺深的浑水潭——看不透

五黄六月长疥疮——热闹（挠）

五句话分两次讲——三言两语

五台山上拜佛——烧高香

五月初六卖菖蒲——过时货

五月的骆驼——灰溜溜的

五月的麦子——黄了

五月的石榴——越来越红火

五月的石榴花——一片红火

五月的豌豆——炸起来了

五月端午的黄花鱼——正在盛市上

五月里打摆子——忽冷忽热

五脏六腑抹蜜糖——甜在心上

捂着肛门放屁——假斯文

捂着脑袋赶老鼠——抱头鼠窜

捂着钱包捉贼——小心过分

捂着眼睛捉麻雀——瞎摸

雾里看指纹——看不出道道

雾中的鲜花——模糊不清

雾中追车——路线不明

X

吸铁石吸芝麻——有利就想沾

吸烟烧枕头——自找麻烦

稀饭倒进口袋里——装糊涂

稀饭锅里扔铁砣——混蛋到底

稀饭锅里煮鸡蛋——混(浑)蛋

稀饭铺路——一塌糊涂

稀里糊涂推出去——敷衍了事

稀泥巴糊墙——扶不上去

稀泥巴掺水——难收拾

稀泥蛋子——软货

稀泥糊壁——白费工夫

稀泥抹墙——敷衍了事

膝盖上打瞌睡——自己靠自己

膝盖上钉掌——离题(蹄)太远

膝盖上放鸡蛋——不牢靠

膝盖头套袜子——不对路数

膝痒抓背——处事不当

西瓜地里放野猪——一塌糊涂

西瓜地里散步——左右逢源(圆)

西瓜掉在油桶里——滑头滑脑

西瓜落地——滚瓜烂熟

西瓜门墩——软胎子

西瓜抹油——又圆又滑

西瓜碰上菜刀——四分五裂

西瓜皮打鞋掌——溜啦

西瓜皮揩屁股——一塌糊涂

西瓜皮做帽子——滑头

西瓜瓤里生蛆——坏透了

西瓜拴在鳖脚上——连滚带爬

西瓜长爪子——能滚能爬

西施戴花——美上加美

西施上庵堂——美妙(庙)

西施上磅秤——自称美女

西施秃顶——美中不足

西太后听政——尽出鬼点子

西天出太阳——难得

西天路上的孙行者——劳苦功高

《西厢记》作枕头——痴人说梦

喜马拉雅山上摆手——高招

喜鹊的羽毛——黑白分明

喜鹊登枝喳喳叫——无喜乐三分

喜鹊飞进洞房里——喜上加喜

喜鹊跟着蝙蝠飞——废寝忘食

喜鹊回窝凤还巢——安居乐业

喜鹊落满树，乌鸦漫天飞——吉凶未卜

喜鹊落头上——红运将至

喜鹊窝里掏凤凰——找错了地方

喜事碰上丧事——有哭有笑

洗菜的洗菜，剥葱的剥葱——各管一工

洗脚盆里游泳——扑腾不开

洗脚盆做染缸——看你怎样摆布

洗脚水倒在秧田里——物尽其用

洗米箩里出烟——淘气

洗衣不用搓板——凭两只手

细柴棍子撑石板——顶不住

细高挑儿进矮门——不得不低头

细篾条穿冰粉儿——难题（提）

戏班里的哑子——充数

戏台后头的锣鼓——没见过大场面

戏台里边叫好——旁人不夸自己夸

戏台上打出手——花招多

戏台上打架——不痛不痒

戏台上的绸子舞——抖起来了

戏台上的父子——没大没小

戏台上的官——难长久

戏台上的花旦——引人注目

戏台上的皇帝——假威风

戏台上的将军——神气一时

戏台上的小卒——走过场

戏台上的演员——装模作样

戏台上的玉帝爷——样子神气

戏台上的装饰——好景不长

戏台上堵枪眼——死不了

戏台上赌咒——口是心非

戏台上跑龙套——摇旗呐喊

戏台上起年号——称王称霸

戏台上送诏书——假传圣旨

戏台上谈恋爱——虚情假意

戏台上着火——热闹非凡

戏台下面开店铺——光图热闹

戏台下面淌眼泪——替古人担忧

戏台子下读《四书》——闹中

取静

戏娃子转圈圈——走过场

戏园里的枣木梆子——天生挨揍

戏园里挑媳妇——一厢情愿

戏园子里看滑稽——乐不可支

戏园里的挂钟——群众观点

戏子搽脸蛋——光图表面

戏子穿龙袍——假的

戏子戴面具——面目全非

戏子的脸蛋——要哭就哭，要笑就笑

戏子没卸装——油头粉面

虾兵蟹将串门子——水里来，水里去

虾吞礁石——好大的胃口

虾子撞到桥桩上——忙（芒）坏了

虾子掉在大麦上——忙（芒）上加忙（芒）

虾子掉在盐堆上——忙（芒）中有闲（咸）

虾子过河——谦虚（牵须）

下巴底下支砖头——难开口

下巴骨脱臼——合不拢嘴

下暴雨泼污水——销脏（消脏）

下大雪找蹄印——罕见

下饺子的水——滚开

下地不穿鞋——脚踏实地

下贱陀螺——不打不转

下轿打轿夫——不识抬举

下了锅的面条——硬不起来

下棋丢了帅——输定了

下棋走子儿——格格不入

下山担柴——心（薪）挂两头

下山的饿虎——一副吃人相

下山丢拐棍——忘恩负义

下山顺着上山道——走老路

下水船走不动——风头不顺

下水道安灯——照管

下水放航——一帆风顺

下水救落婴——舍己为人

下雪天穿裙子——美丽又动（冻）人

下雨天出太阳——假情（晴）

下雨天打麦子——难收场

下雨天打伞——轮（淋）不着

下雨天走路——拖泥带水

夏天的袜子——可有可无

夏天的温度表——直线上升

夏天的萤火虫——若明若暗

夏天送木炭——不是时候

夏夜走棋——星罗棋布

夏至插秧——晚了

仙姑思凡——心野了

仙鹤打架——绕脖子

仙鹤黑尾巴——美中不足

仙女的裙子——拖拖拉拉

仙女散花——天花乱坠

仙女下凡——腾云驾雾

咸菜拌豆腐——有言(盐)在先

咸菜拌酱——严(盐)重

咸菜缸里的秤砣——一言(盐)难尽(进)

咸菜煮豆腐——不必多言(盐)

咸挂面调醋——有言(盐)在先

咸鱼落塘——不知死活

陷阱里的恶狼——在劫难逃

陷阱抓狍子——没跑

县老爷打更——不务正业

县太爷唱二簧——官腔官调

县太爷盗金库——财迷心窍

县太爷放屁——官气臭人

县太爷告老——弃权

县太爷敲竹杠——不是好官

县太爷审他爹——公事公办

县堂门口打鼓——鸣冤叫屈

县长打老子——公事公办

线头穿进针孔里——对上眼了

线头落针眼——凑巧了

线头自个掉进针眼——巧得很

线团打架——纠缠不清

线团子打滚——难缠

相逢不下鞍——各奔前程

相媳妇的扭头——看不上眼

湘绣被面包画册——话(画)里有话(画)

乡里的婆婆拜千佛——磕头磕够了

乡里人进皇城——头一回

乡下姑娘城里人打扮——半土半洋

乡下人背篓子——歪得有理

乡下人穿大褂——必有正事

乡下人穿西装——土洋结合

象棋斗胜——纸上谈兵

象棋盘里走跳棋——不对路数

象棋盘上的棋子儿——有进有退

象棋子走在线路上——格格不入

橡皮棍子打人——软收拾

橡皮棍子作旗杆——树(竖)不起来

橡皮筋——越拉越长

橡皮脑袋——不开窍

橡皮人救火——自身难保

相机对准马屁股——拍马屁

相片扔到大海里——丢人不知深浅

相声表演——笑话连篇

小案板当锅盖——随方就圆

小蚕吃桑叶——一星半点

小草鱼赶鸭子——自己找死

小池塘撒网——一网打尽

小虫吃李子——心里肯（啃）

小虫吞大象——痴心妄想

小虫子啃沙梨——暗里使坏

小孩的屁股，醉汉的嘴巴——难控制

小孩放烟火——天花乱坠

小孩爬到井台上——太悬乎

小耗子欺大象——全凭会钻

小河沟里撑船——一竿子插到底

小河沟里抓虾——想捞一把

小河里捞石头——摸底

小河通大江——细水长流

小和尚念经——有口无心

小胡同扛毛竹——转不过弯来

小胡同里赶猪——直来直去

小胡同里遇仇人——冤家路窄

小胡同跑车——路子窄

小伙子的胡须——稀稀拉拉

小伙子扛大梁——浑身是劲

小伙子头上扎辫子——不伦不类

小鸡不撒尿——自有便道

小鸡踩键盘——乱弹琴

小鸡吃黄豆——一个个来

小鸡吃食——点头哈腰

小鸡的爪子——闲不住

小鸡进麻堆——走不得

小鸡入笼——身不由己

小鸡踏扁了头——没得救

小鸡下蛋——憋红了脸

小鸡钻牛角——不宽绰

小脚穿大鞋——对不上号

小脚老太太缠脚——裹足不前

小脚女人爬大坡——寸步难行

小两口观灯——有说有笑

小笼子里养凤凰——待不长

小炉匠补锅——穷凑合

小炉匠打铡刀——干大活

小炉匠戴眼镜——专找喳子

小炉匠的家什——破铜烂铁

小炉灶翻身——倒霉（煤）

小马驹备鞍鞯——挨鞭子的日子到了

小马驹跟车——跑跑颠颠

小牛撅尾巴——来劲了

小朋友唱歌——同（童）声同

（童）调

　　小婆子上吊——吓唬大的

　　小铺子的抽屉——装蒜

　　小铺子的蒜——零揪

　　小舢板过海——十有八九要失败

　　小树掐尖——光出岔子

　　小水沟里撑大船——搁浅

　　小田里的泥鳅——没见过世面

　　小偷报警——贼喊捉贼

　　小偷不经吓——做贼心虚

　　小偷打官司——输定了

　　小偷打警察——岂有此理

　　小偷的婆娘当妓女——男盗女娼

　　小偷的钱包——不义之财

　　小偷盯耗子——贼眉鼠眼

　　小偷进牧场——顺手牵羊

　　小偷击鼓进大堂——恶人先告状

　　小偷碰见盗贼——恶人遇恶人

　　小偷上房——不动声色

　　小偷收心做好人——弃恶从善

　　小娃娃做游戏——不成重来

　　小碗盖大碗——管不着

　　小巫见大巫——相形见绌

　　小屋里耍扁担——处处碰壁

　　小媳妇回娘家——背包袱

　　小媳妇见了恶婆婆——心里扑腾

　　小媳妇哭爹妈——没完没了

　　小媳妇拿钥匙——有职无权

　　小媳妇讨饭——死心眼

　　小猪拱粮囤——记吃不记打

　　小猪抢食——吃里爬（扒）外

　　小竹棍敲鼓——有节奏

　　小卒拱老帅——将军

　　小卒子过河——有去无回

　　孝帽掉进靛缸里——格外出色

　　孝悌忠信礼义廉——无耻

　　孝子打哈哈——哄死人

　　蝎虎子（壁虎）打喷嚏——满嘴膜

　　蝎虎子断尾巴——脱身之计

　　蝎虎子上墙——无孔不入

　　蝎虎子掀门帘——露一小手

　　蝎虎子作揖——露两手

　　蝎子背蜈蚣——毒上加毒

　　蝎子摇尾巴——好毒的一招

　　蝎子战蜈蚣——以毒攻毒

　　蝎子蜇人咬一口——又狠又毒

　　蝎子蜇蝎子——自家人不识自家人

　　蝎子蜇胸口——钻心痛

蝎子钻进墙缝里——暗伤人

鞋帮店里失火——失面子

鞋上绣凤凰——能走不能飞

鞋刷子脱毛——有板有眼

鞋头上刺花——前程似锦

鞋子里洒香水——过分讲究

斜楞眼掷骰子——观点不正

斜起眼睛看人——把人看扁了

斜阳下照身影——自看自高

斜嘴开口——尽说歪话

泄了气的轮胎——瘪了

泄了气的猪尿脬——瘪了

泄气的皮球——瘪了

泄气的皮球——软蛋

心肝掉在肚里头——放心

心肝里头结了两个茄子——三心二意

心坎上挂笊篱——劳(捞)心了

心口挂灯笼——心照不宣

心口上挂秤砣——称心

心口窝里跑马——宽宏大量

心里摆不正大秤砣——偏心眼

心有灵犀——一点通

心字头上一把刀——忍了

新袄打补丁——多此一举

新兵上阵——头一回

新搭的台子——有戏唱啦

新褡裢换个破口袋——一代(袋)不如一代(袋)

新打的剪刀——难开口

新箍的马桶——三日香

新开张的杂货店——要啥有啥

新郎官戴孝——悲喜交加

新郎官揭盖头——真相大白

新郎新娘喝喜酒——正在热乎劲上

新郎迎亲——喜气盈盈

新媳妇到家——喜气盈门

新媳妇过门——人地两生

新媳妇怀孕——暗喜

新媳妇和面——人生面不熟

新媳妇拿擀面杖——人生面不熟

新媳妇上花轿——羞羞答答

新媳妇推车子——好的在后头

新媳妇推磨——头一回

新媳妇照镜子——自我欣赏

新媳妇坐轿——头一遭

新鞋打掌子——多余

新鞋踏臭屎——白糟踏

新修的马路——没辙

新栽的杨柳——光棍一条

新战士打靶——头一回

行路人换草鞋——弃旧图新

行医的捎带卖棺材——死活都要钱

行云流水——难以捉摸

胸腹透视——肝胆相照

胸口安雷管——心胆俱裂

胸口摆天平——称心

胸口放磨盘——推心置腹

胸口挂冰棍——寒心

胸口挂秤砣——心里负担太重

胸口挂琵琶——谈(弹)心

胸口挂算盘——心中有数

胸口挂邮包——满怀信心

胸口画娃娃——心上人

胸口拉弦子——乐开怀

胸口烙饼——热心肠

胸口塞羊毛——乱糟糟

胸口上揣棉花——心软

胸口照镜子——有二心

胸脯上挂茄子——多心

胸脯长草——心里慌(荒)

胸脯长牙——心里狠

胸脯中了箭——伤透心

胸前害疮,背后流脓——坏透了

胸前划十字——上帝保佑

胸膛开鲜花——心里美

胸膛里掏走了五脏——心虚

胸窝里挂门板——好大的牌子

胸窝里栽牡丹——心花怒放

兄弟二人猜拳——哥俩好

兄弟哥们请客——大吃大喝

兄妹上大学——志同道合

雄鹰的翅膀——练出来的

雄鹰抓兔子——跑不了

熊耍把戏狗叫唤——互不相干

熊瞎子拜年——不敢受这个礼

熊瞎子耍扁担——翻来覆去老一套

熊瞎子耍马枪——露一手

熊瞎子舔马蜂窝——怕挨蜇别想吃甜头

熊瞎子下棋——瞧你那笨脑瓜

熊瞎子学绣花——装模作样

修成仙的黄鼬子(黄鼠狼)——害人精

修锅匠拉风箱——有来有往

修脚带拔牙——上下兼顾

朽木桩子——一碰就倒

朽木作梁柱——无用之材

秀才背书——出口成章

秀才打擂——招架不住

秀才当兵——能文能武

秀才的手巾——包输(书)

秀才家里失火——酸气冲天

秀才看榜——又惊又喜

秀才看热闹——袖手旁观

秀才哭哥——凶(兄)啊

秀才落陷阱——埋没人才

秀才写书——肚里有货

秀才行凶——一笔抹杀

秀才遇见兵——有理说不清

秀才造反——三年不成

绣房里的花枕头——摆设

绣花被面补裤子——大材小用

绣花姑娘打架——针锋相对

绣花姑娘打老虎——胆大心细

绣花姑娘的家什——真(针)对

绣花姑娘的手艺——穿针引线

绣花针扎泥鳅——又奸(尖)又猾(滑)

绣花枕头——华而不实

绣花枕头稻草心——肚里没好货

绣花枕头塞糠壳——顾面不顾里

绣花枕头扎花鞋——样子货

绣楼里的闺秀——上不了阵势

绣娘爱针线,牧人爱牛羊——干一行爱一行

绣娘缝嫁衣——为别人操劳

绣球配牡丹——天生一对

绣在地上的花——任人践踏

袖短怪罪胳膊长——错怪

袖筒里捅宝剑——杀人不露锋

袖筒里捅斧子——出手就砍

袖筒里掖旗杆——不知长短

袖筒子扫死人——好威风

袖子里冒火——着手

许不下羊羔许骆驼——巧言哄人

许褚赤膊上阵——有勇无谋

许褚战马超——赤膊上阵

许了身子还挨嘴巴——太冤枉

许仙碰见白娘子——天配良缘

玄妙观的家当——头头是道

悬崖边上打太极拳——临危不乱

悬崖边止步——停止不前

悬崖上翻跟头——自己找死

悬崖上勒马——化险为夷

悬崖上扭秧歌——高兴到头了

悬崖上跳高——一落千丈

悬崖上炸石头——一边倒

选帽子挑鞋子——评头论足

雪地里打电筒——亮对亮

雪地里的坟丘——露头

雪地里的松毛虫——活不长

雪地里埋死马——露马脚

雪地里埋死人——瞒不住　　　雪人烤火——难长久

雪地里照脸——没影的事　　　雪山的菩萨——愣(冷)神

雪地里抓逃犯——跟踪追击　　雪山日出——天明地白

雪落东海——无影无踪　　　　雪天行路——一步一个脚印

雪人出世——好景不长

Y

鸭背上泼水——两不沾(粘)　　丫鬟枕着元宝睡——守财奴

鸭脚上挂铜铃——响当当　　　牙长手短——好吃懒做

鸭子的脚板——连成一片　　　牙齿和舌头打架——伤不了

鸭子的屁股——爱翘　　　　　和气

鸭子改鸡——磨嘴皮　　　　　牙齿咬掉嘴唇——自害自

鸭子上锅台——逼出来的　　　牙齿咬舌头——误会

鸭子上架——靠猛劲　　　　　牙缝里插花——嘴里漂亮

鸭子上架——逼出来的　　　　牙缝里剔肉吃——解不了馋

鸭子死了还有鹅——一个顶　　牙膏的脾气——不挤不出

一个　　　　　　　　　　　　牙签子搭桥——难过

鸭子听雷——不知所云　　　　牙咬秤砣——硬对硬

鸭子学上树——力不能及　　　牙医治牙病——硬钻

鸭子走路——摇摆不定　　　　崖缝里的马蜂——没人敢惹

鸭子扎猛子——深入下层　　　崖头上睡觉——不怕死

丫鬟带钥匙——当家不做主　　崖鹰的儿子——远走高飞

衙门前贴告示——官样文章

衙役的脸——变化无常

哑巴挨打——有苦难诉

哑巴挨骂——气不可言

哑巴挨冤枉——有口难辩

哑巴被驴踢——有苦说不出

哑巴被蜈蚣咬——痛不可言

哑巴长工碰上娘——有苦难诉

哑巴唱戏——没腔

哑巴吃黄连——有苦说不出

哑巴吃仙桃——妙不可言

哑巴传话,呆子打岔——说不清楚

哑巴打呵欠——忍气吞声

哑巴打手势——不言而喻

哑巴逮驴——闷着头干

哑巴进庙——多磕头,少说话

哑巴开会——没说的

哑巴咧嘴——不像话

哑巴抡大锤——暗里使劲

哑巴梦见妈——有苦说不出

哑巴亲嘴——各人心里爱

哑巴求医——说不出的毛病

哑巴娶老婆——喜不可言

哑巴伸冤——有口难辩

哑巴生气——气鼓气胀

哑巴作报告——张口结舌

哑巴做和尚——妙(庙)不可言

哑巴做梦——说不得

哑女见了娘——有口难言

哑巴看书——读(毒)在心里

淹死鬼拉人下水——阴魂不散

淹死鬼使计谋——勾别人下水

淹死鬼找替身——借尸还魂

淹死鬼拽住岸边草——抓住不放

烟囱不冒烟——赌(堵)气

烟囱不冒烟——窝火

烟囱顶上长棵树——高不可攀

烟囱上面放棺材——熏死人

烟袋杆里插席篾儿——气不顺

烟锅炒芝麻——小气(器)

烟头掉在口袋里——烧包

胭脂当粉搽——闹了个大红脸

胭脂萝卜——表里不一

阎王的蒲扇——扇阴风

阎王的爷爷——老鬼

阎王殿里开染房——色鬼

阎王发令箭——要命

阎王翻跟头——鬼花招

阎王给小鬼拜年——弄颠倒了

阎王嫁女——抬轿的是鬼,坐轿的也是鬼

阎王叫门——活不久

生动形象的中华歇后语

136

阎王爷不戴帽子——鬼头鬼脑

阎王爷吃黄豆——鬼吵(炒)

阎王爷抽烟——鬼火直冒

阎王爷出天花——净是鬼点子

阎王爷的扇子——两面阴

阎王爷的奏折——鬼话连篇

阎王爷点生死簿——一笔勾销

阎王爷讨饭——穷鬼

阎王爷贴告示——鬼话连篇

阎王爷吸鸦片——大烟鬼

沿着磨盘走路——团团转

沿着盘山道上山——走弯路子

严嵩挨打——自作自受

严嵩收礼——来者不拒

岩壁上打洞——旁敲侧击

岩缝里长蘑菇——憋出来的

岩石下面的竹笋——难出头

炎夏天打冷战——不寒而栗

炎夏天的火炉子——讨人嫌

炎夏天洗冷水澡——快活极了

盐场的伙计——爱管闲(咸)事

盐场里罢工——闲(咸)得慌

盐场里的下水——到哪里哪里嫌(咸)

盐罐子遇上南风——回潮了

盐碱地的庄稼——不死不活

盐碱地里的冬瓜——又小又好

(尖)

盐库里的管理员——爱管闲(咸)事

盐库里冒烟——生闲(咸)气

盐库里失火——烧包

盐老板抱琵琶——闲谈(咸弹)

盐老板拉电线——闲(咸)扯

演古戏打破锣——陈词滥调

演双簧的——一唱一和

演双簧戏的表演——装腔作势

演完越剧唱京剧——南腔北调

演戏扮皇帝——神气一时

演戏扮司令——假威风

演戏瞪眼睛——吓不住人

演员化装——涂脂抹粉

演员卸装——真相大白

演员谢幕——该下台了

眼过千遍不如手过一遍——贵在实践

眼睛瞪着孔方兄——见钱眼开

眼睛盯着鼻尖——目光短浅

眼睛看透三层壁——好眼力

眼睛里的灰尘——容不得

眼睛上出芽子——不是好苗头

眼睛上贴钞票——认钱不认人

眼睛只瞅见鼻梁下两片肉——目光短浅

眼镜框里镶铜子儿——一切向钱看

眼镜上贴膏药——视而不见

眼镜蛇摆手——好毒的一招

眼皮上吊炊帚——耍（刷）嘴

眼皮子上搽胭脂——眼红

宴席上摆狗肉——少见

宴席上吵架——不欢而散

羊儿不吃草——壮不了

羊粪蛋下山——滚蛋

羊羔踩进稀泥凼（水坑）——不能自拔

羊羔跟水牛顶角——输定了

羊角葱靠南墙——越发老辣

羊进虎洞——送上门的肉

羊厩里圈骆驼——盛不下

羊圈里的驴粪蛋——数你大

羊圈里的骆驼——数它大

羊圈里关狼——自招祸灾

羊群里的大象——突出

羊肉汤里的萝卜——骚货

羊头安在猪身上——颠倒黑白

羊头插到篱笆内——伸手（首）容易缩手（首）难

洋鬼子进村——鸡犬不宁

洋鬼子看秦腔——白费工夫

洋鬼子耍西洋景——名堂多

洋灰地上种花生——扎不下根

洋人听说书——傻了眼

仰脸婆娘低头汉——难斗难缠

仰面朝天——眼向上看

仰着脖子吹唢呐——起高调

腰里别算盘——时刻为个人打算

腰里别着个死耗子——冒充打猎人

腰里插笊篱——走到哪捞到哪

腰里插竹竿——横生枝节

腰里拴扁担——横行一方

腰里长枝条——出了邪岔（斜杈）

摇得响的白果——不是好人（仁）

摇着拨浪鼓卖糖——里外响

摇着脑袋吃梅子——瞧你那个酸相

摇着扇子聊天——谈笑风生

窑里的泥砖——越烧越硬

窑泥巴做点心——中看不中吃

窑上的瓦盆——一套一套的

咬不烂的茄子——不论（嫩）

咬口生姜喝口醋——尝尽辛酸

咬人的狗不露齿——暗里伤人

咬住苦瓜当芒果——上当一回

药材店里的抹台布——五味俱全

药斗子——不拘一格

药罐子里的枣子——虚胖

药罐子里斗蛐蛐儿——苦中作乐

药铺里招手——把人往苦处引

药汤里加蜜糖——苦中有甜

药王庙进香——自讨苦吃

药王爷的匾——妙手回春

药王爷的肚子——苦水多

药王爷的嘴——吃尽了苦头

药王爷摆手——没治了

钥匙挂胸口——开心

钥匙挂在眉梢上——开眼界

爷俩分家——另起炉灶

爷俩赶集——一大一小

爷俩看见马打架——大惊小怪

爷俩耪谷子——不顾(雇)别人

爷俩上山遇大虫——大惊小怪

爷俩抓个耗子——没出息

爷孙不分——乱了班辈

爷爷的竹烟杆——老样子

野鸡窠里抱麻雀——一窝不如一窝

野鸡躲灾——顾头不顾腚

野鸡生蛋——藏头露尾

野鸡司晨——名(鸣)声坏

野鸡窝里抱家雀——一辈不如一辈

野狼扒门——来者不善

野马进了套马杆——伸手(首)容易缩手(首)难

野马脱缰——横冲直撞

野猫给老虎舔下巴——溜须不要命

野兔叼枪口——送死

野猪鼻子插大葱——装相(象)

野猪置金鞍——不配

野猪钻进玉米地——乱七八糟

野猪钻篱笆——两头受挤

夜半歌声——高兴得太早了

夜叉怀胎——肚里有鬼

夜叉演戏——鬼作乐

夜里的雨雪——下落不明

夜里丢了船——天晓得

夜里捡个黄瓜——摸不着头尾

夜里攀险峰——不顾生死

夜里说梦话——难理会

夜里行船——摸不到边

夜晚打雷心不跳——问心无愧

夜雾笼罩的路灯——气昏了

夜行人吹哨子——给自己壮胆

夜行人迷了路——方向不明

夜莺配鹦鹉——正合适

夜莺学乌鸦叫——变坏了

医生摆手——没治了

医院办火葬场——死活都要钱

医院里的死人——走后门

依了媳妇得罪娘——难得两全

依样画葫芦——全盘照搬

依着葫芦画瓢——照样

依着石碑烤火——一面热

一把白糖一把沙——好坏不分

一把黄豆数着卖——发不了大财

一边弦子一边大鼓——你说你的,我干我的

一步一个脚印——脚踏实地

一层布做的夹袄——反正都是理(里)

一层窗户纸——捅就破

一尺厚的烧饼——吃不透

一锤子买卖——不留余地

一吊钱放在门槛上——里外半吊子

一棵枯树——老朽

一肚子加减乘除——心中有数

一肚子算盘子儿——心中有数

一堆乱树枝——七枝八杈

一堆脑瓜骨——没脸没皮

一对铃铛——不见空得慌,见面就叮当

一顿能吃三升米——度(肚)量大

一朵月季花开路边——小刺儿头

一二五六七——丢三拉四

一分钱掰两瓣花——会过日子

一分钱开当铺——周转不开

一分钱买俩判官——贱鬼

一分钱买仨——分文不值

一副碗筷两人用——不分彼此

一佛出世,二佛升天——死去活来

一杆没星的秤——不知轻重

一杆无砣秤——翘得高

一个巴掌拍不响——孤掌难鸣

一个坝子两台戏——唱对台戏

一个半斤,一个八两——不相上下

一个包子吃了十八里还没吃到馅儿——皮厚

一个葫芦锯两个瓢——对儿

一个葫芦锯俩瓢——恰好一对

一个将军一个令——不知听谁的

一个萝卜一个坑——一个顶

一个

一个模子出来的——一模一样

一个马鞍上的人——同奔前程

一个皮蛋两个黄——一对混蛋

一个曲子一个调——有高有低

一个染缸里的布——一色货

一个人唱台戏——独角

一个人喝酒——随心所欲

一个烧饼平半分——不偏不向

一个世纪才盘点——百年大计

一家人五更打牙祭——没外人

一家人一碗饭——凑合着吃

一家十五口——七嘴八舌

一江春水向东流——无穷无尽

一跤跌在门槛上——两头不着实

一脚踩出个屁来——赶巧了

一脚踩在桥眼里——上下为难

一脚登上泰山——蹦得高

一脚门里，一脚门外——不进不出

一脚踢不出个屁来——窝囊废

一脚踢出个屁来——巧得很

一脚踢翻煤油炉——散伙(火)

一脚踢死个麒麟——不知贵贱

一斤的酒瓶装十两——不多不少

一斤霉面做个馍——废物点心

一斤肉放进四两盐——闲(咸)人

一棵树上的核桃——有大有小

一棵树上的叶子——没什么两样

一粒子弹打两只鸟——一举两得

一路师傅一路拳——各有各的打法

一轮红日出东方——光明正大

一毛钱买了一筐蒜壳——贱皮子

一面官司——不好打

一亩南瓜没结瓜——净是秧

一盘棋下了三天——棋逢对手

一屁股坐在人脑袋上——欺负到顶了

一屁股坐在铡刀上——切肤之痛

一把钥匙开一把锁——对口

一千文钱分四处——二百五

一千只麻雀炒一锅——多嘴多舌

一枪打死个苍蝇——得不偿失

一拳打死只蚊子——假充好汉

一手托鼓，一手捏笛——又吹

又拍

　　一手遮天，一手捂地——瞒上瞒下

　　一手抓泥鳅，一手逗黄鳝——两头耍滑

　　一天到晚淡茶饭——不吃香

　　一天下了三场雨——缺少情（晴）意

　　一条道走到黑——死心眼

　　一条路上众人走——各奔东西

　　一条腿的板凳——站不住脚

　　一条腿的裤子——成了群（裙）

　　一桶开水烫在狗身上——遍体鳞（淋）伤

　　一头撞在南墙上——自我碰壁

　　一头撞到菜刀上——不要命了

　　一头栽到煤堆里——霉（煤）到顶了

　　一头钻进冰箱里——动（冻）脑筋

　　一头钻进风箱里——两头受气

　　一碗白开水——淡而无味

　　一只筷子吃藕——尽挑眼

　　一只绵羊一家人放——小题大做

　　一只手吹笛——顾此失彼

　　一只手托不起房梁——独力难撑

　　一只手遮脸——独挡一面

　　一嘴吞个猪头——口气不小

　　一嘴吞了个鞋帮子——心里有底

　　阴曹地府打官司——尽是鬼事

　　阴曹地府挂日历——鬼扯

　　阴沟里撑船——施展不开

　　阴沟里荡舟船——寸步难行

　　阴沟里的旋风——刮不起来

　　阴间秀才——阴阳怪气

　　阴天露日头——假情（晴）

　　阴阳先生的葫芦——一肚子鬼

　　阴雨天的花生米——疲（皮）了

　　阴雨天的霹雳——大发雷火

　　阴雨天过后出太阳——重见天日

　　阴雨天拉稻草——越拖越重

　　阴雨天落雷——空想（响）

　　银壶镀锡——装贱

　　银圆当镜子——认钱不认人

　　银圆当镜子——一切向钱看

　　银圆做银镜——全是钱

　　萤火虫斗架——明打明

　　萤火虫斗架——明着斗

　　萤火虫照屁股——只顾自己

　　迎风吐唾沫——自作自受

硬骨头——难啃

硬骨头——啃不动

硬汉子卖豆腐——人强货不硬

硬节柴——难劈

硬要麻雀生鹅蛋——蛮不讲理

用斧子裁衣裳——粗制滥造

用筷子穿针眼——难啊

用了三代的钉耙——无耻（齿）

邮包掉水田——半信半疑（泥）

邮包上吊扫帚——威信扫地

邮包上挂灯草——轻信

油干灯草尽——奄奄一息（熄）

油罐子打了耳子——别提了

油锅里沾水——暴（爆）躁

油壶里打跟头——胡（壶）闹

油煎冰棒——一场空

油漆匠的家当——有两把刷子

游山逛水抹眼泪——触景伤情

游僧撵住僧——喧宾夺主

游子还家——心事重重

有北屋，有南墙——不成东西

有尺水，行尺船——量力而行

有福同享，有祸同当——同甘共苦

有骆驼不讲牛羊——光拣大的说

有马不骑，有车不坐——练腿劲

愚公的住处——开门见山

愚公移山——非一日之功

雨后穿皮鞋——拖泥带水

雨淋菩萨两行泪——假慈悲

雨伞抽了柄——没有主心骨

雨水滴在坛子里——乐（落）在其中

雨天背棉絮——越背越重

雨天的房檐水——下流

玉帝的手书落人间——泄露了天机

玉帝娶亲——天大喜事

玉帝娶亲，阎王嫁女——欢天喜地

玉帝讨河神——尽是天兵天将

玉帝下请帖——天大的好事

玉帝爷出告示——神话

玉帝爷的帽子——宝贝疙瘩

玉盘盛豆渣——装贱

玉器失手——可惜

玉石店里的珍品——精雕细刻

玉石娃娃——宝贝蛋

玉石烟袋——好嘴

玉堂春的坟——目（木）中无人

《玉匣记》作枕头——痴人说梦

鸳鸯睡觉——交颈而眠

鸳鸯戏水——成双成对

鸳鸯一对儿——两相配

鸳鸯逐锦鸡——就怕不成双

元旦出门除夕回——满载而归

元旦翻日历——头一回

元宵掉进肉锅里——说他混蛋,他还心里甜

元宵掉进糨糊盆——糊涂蛋

元宵里裹爆竹——糖衣炮弹

园里的橡胶树——任人千刀万剐

园里挑瓜——越选越差

园艺师的手艺——移花接木

园中的韭菜——你算哪一茐

园子里的辣椒——红到顶了

圆顶帐子——没门

圆珠笔蘸墨水——多事

远地得家书——陡增欢喜

远水救近火——来不及

远洋轮出国——四海为家

远洋轮出海——外行(航)

远洋轮上吹笛子——想(响)得宽

院子里搭戏台——有戏唱啦

院子里挖陷阱——坑到家了

月亮坝里掷骰子——观点模糊

月亮地里打麻将——沾光

月亮地里打电筒——多余

月亮里的桂树——高不可攀

月亮下点油灯——多事

月缺花残掉眼泪——触景生情

月下老人绣鸳鸯——穿针引线

月下提灯笼——空挂名(明)

月月红裹在绸缎里——绵上添花

云彩里摆手——高招

云彩里盖大厦——空中楼阁

云母石上钻眼——深不下去

云南的老虎,蒙古的骆驼——谁也不认谁

云头里贴告示——空话连篇

运动场上赛标枪——寸土必争

运动员下跑场——你追我赶

运碓窝(石臼)的翻了船——石沉大海

Z

杂烩汤里的豆腐——白搭

杂货铺子——无所不有

杂技团里的空竹——抖起来了

杂耍班子走江湖——逢场作戏

宰鹌鹑也要请屠夫操刀——小题大做

宰牛用锥扎——不顶事

宰相肚里能撑船——宽宏大量

宰相门第状元府——门当户对

脏水倒阴沟——同流合污

脏水灌到茅坑里——越闹越臭

澡盆里洗脸——好大的面子

澡堂里的油灯——气昏了

枣核搭牌楼——针锋相对

枣木梆子——自来红

枣木做烧柴——难劈

枣子骨头——两头奸(尖)

灶倒屋塌——砸锅

灶房里的砧板——油透了

灶火坑里烧山药——吃里爬(扒)外

灶君贴腿上——人走家搬

灶坑里扒红薯——专拣软的捏

灶坑里烧王八——憋气又窝火

灶里扒出个烧馍馍——又吹又拍

灶台上的抹布——沾油水

灶膛里的老鼠——灰不溜溜

灶膛抡锤子——砸锅

灶王爷吹灯——好神气

灶王爷上天——神气(起)来了

贼被狗咬——吃了哑巴亏

贼被狗咬——不好声张

贼娃子进铁匠铺——倒贴(盗铁)

贼娃子拾东西——不是偷也是偷

贼娃子说梦话——想偷

铡刀锄地——管得宽

铡下伸驴头——刀下找食

炸响了的炮仗——四分五裂

炸药的捻子——点火就着

站在岸边看翻船——见死不救

站在草席上比高低——高也有限

站在高山看打架——袖手旁观

站在高山看大海——远水不解近渴

站在海边打咳声——望洋兴叹

站在墙头上骑马——就高不就低

站在山顶赶大车——鞭长莫及

站在云头吊嗓子——唱高调

蘸了汽油的稻草——点火就着

蘸水钢笔——没有胆

蘸着稀饭吃饺子——越吃越糊涂

张飞吃豆芽——小菜一碟

张飞打岳飞——乱了朝代

张飞当县官——能文能武

张飞戴口罩——显大眼儿

张飞的妈妈——无事（吴氏）生非（飞）

张飞断案——粗中有细

张飞剁肉馅——大材小用

张飞翻脸——吹胡子瞪眼

张飞骂关羽——误会

张飞卖秤锤——人强货硬

张飞卖豆腐——黑白分明

张飞卖箭猪——人强货扎手

张飞卖针——人强货扎手

张飞庙里的石马——不见起（骑）

张飞拿耗子——大眼瞪小眼

张飞拿虱子——粗中有细

张飞骑白马——黑白分明

张飞骑老虎——人强马壮

张飞使计谋——粗中有细

张飞耍杠子——轻而易举

张飞讨债——气势汹汹

张驴儿（戏曲《窦娥冤》中人物）告状——冤枉好人

张驴儿上公堂——恶人先告状

张三帽子给李四——张冠李戴

张三（狼的俗称）不吃死孩子——活人惯的

张三和大虫（老虎）抢食——狼吞虎咽

张三和狗比胸膛——狼心狗肺

张三哄孩子——没安好心

张生回头望莺莺——恋恋不舍

张生遇见崔莺莺——一见钟情

张顺浪里斗李逵——以长攻短

张天师被鬼迷住——明人也有

糊涂时

　　张天师下凡——降妖拿怪

　　张天师下海——莫（摸）怪

　　张天师捉妖——拿手好戏

　　张小泉的剪刀——名不虚传

　　丈二的斗笠——高帽子

　　丈二厚的屋基——根底深

　　丈二金刚——摸不着头脑

　　丈二金刚扫地——大手大脚

　　丈二宽的大褂——大摇（腰）

大摆

　　丈二宽的蟒袍——大摇（腰）

大摆

　　丈母娘跺脚——悔之莫及

　　照猫儿画虎——差不离

　　照明弹上天——高明

　　照屁股蹬一脚——你东我西

　　照相的底片——颠倒黑白

　　照相馆改底片——羞（修）人

　　照相馆里挂相片——好样子

　　针鼻眼里瞧韩湘子——小看

仙人

　　针拨灯盏——挑明

　　针尖对麦芒——针锋相对

　　针尖上抹油——又奸（尖）又猾

（滑）

　　针挑黄连——挖苦

　　针吞到肚子里——心腹之患

　　针眼里看人——小瞧

　　针眼里看天——一孔之见

　　针毡上睡觉——坐卧不安

　　珍珠掺到绿豆里卖——屈才

（财）

　　珍珠没眼儿——瞎宝贝

　　珍珠弹麻雀——得不偿失

　　枕木上的铁轨——明摆着

　　枕头底下放罐子——空想

　　枕铡刀睡觉——好险

　　枕着扁担睡觉——想得宽

　　枕着烙饼挨饿——懒死了

　　枕着竹筒睡大觉——空头空脑

　　睁眼打呼噜——昏头昏脑

　　睁眼跳黄河——走投无路

　　睁眼瞎看告示——两眼墨黑

　　睁眼瞎考状元——丢人现眼

　　睁着眼睛尿床——明知故犯

　　正月初二拜丈母娘——正适时

　　正月初一过生日——双喜临门

　　正月初一卖门神——没人过问

　　正月里穿单衣——为时过早

　　正月十五的龙灯——任人耍

　　正月十五的月亮——光明正大

　　正月十五的走马灯——反复

无常

正月十五放烟火——好景不长

正月十五赶庙会——随大流

正月十五看花灯——走着瞧

正月十五贴门神——晚了半月

正月十五云遮月——不露脸

蒸锅水洗脸——发挥余热

蒸酒打豆腐——要办喜事

蒸馏塔上迈步——无路可走

蒸笼盖子——受不完的气

蒸笼里的馒头——自我膨胀

蒸笼里伸出个头来——熟人

蒸馍打狗——有去无回

知了掉进酒缸里——晕头转向

知了落在粘竿上——自投罗网

知县跌粪坑——赃(脏)官

蜘蛛摆下八卦阵——专捉飞来将

蜘蛛害尾巴——没事(丝)

蜘蛛拉网——自私(织丝)

蜘蛛网吊死人——天下奇闻

蜘蛛网骆驼——自不量力

蜘蛛走路——私(丝)连私(丝)

芝麻地里打锣——敲到点子上

芝麻地里的烂西瓜——数你大

芝麻地里的老鼠——吃香

芝麻地里长苞米——高低不齐

芝麻地里种西瓜——有大有小

芝麻豆子堆一场——主次不分

芝麻堆里藏西瓜——小中见大

芝麻里的绿豆——数它大

芝麻粒掉杏筐里——不显眼

芝麻送到油坊里——等着挨锤

芝麻做饼——点子不少

直尺量曲线——没准儿

直钩钓鱼——愿者上钩

直巷赶狗——反咬一口

直性人发言——有啥说啥

纸灯添油——一点就着

纸糊的窗子——一戳就破

纸糊的扇车——担风险

纸糊的烧饼——糊弄人

纸糊的眼镜——遮人眼目

纸糊的椅子——坐不得

纸糊的椅子背——不牢靠

纸马店失盗——丢人了

纸人骑石马——压不垮

纸扎铺开张——学做人

只此一家,别无分店——独一无二

只顾烧火,忘了翻锅——一处不到一处乱

只见一面锣,不见两面鼓——看问题片面

只说不练的把势——光耍嘴

只听楼梯响,不见人下来——缺乏行动

指甲离肉——痛不可言

指甲肉里扎刺——受不了

指鹿为马——混淆是非

指头抹蜜——饱不了人

指着秃子骂和尚——借题发挥

中伏天的霖雨——有钱难买

中秋过了闰八月——团圆过了又团圆

中秋节赏桂花——花好月圆

中山狼出了书袋子——凶相毕露

中式服装西式领——别出心裁

中堂里夹条幅——话(画)里有话(画)

中药店的揩桌布——尝尽了甜酸苦辣

中药铺的家伙——不拘一格

钟鼓楼上的麻雀——耐惊耐怕

钟馗打饱嗝——肚里有鬼

钟馗嫁妹——鬼混(婚)

钟馗开饭店——鬼都不上门

钟馗爷站十字路口——四下拿邪

中箭的鸟儿——性命难保

中了状元招附马——好事成双

众人的饭——难做

众人的老子——死了无人哭

众人的马,公家的驴——谁爱骑谁骑

众人的嘴——捂不住

周幽王点烽火——一笑值千金

周幽王戏诸侯——言而无信

周瑜病倒在芦花荡——气煞人

周瑜穿草鞋——穷嘟嘟(都督)

周瑜打黄盖——一个愿打,一个愿挨

周瑜请蒋干——别有用心

粥锅里煮蚯蚓——糊涂虫

朱德的扁担——有名有姓

朱仙镇交战——锤对锤

珠穆朗玛峰上点灯——高明

珠穆朗玛峰上听鸡叫——高调

珠宝商店——八面玲珑

珠子串断了线——散了

诸葛亮草船借箭——有借无还

诸葛亮出祁山——以攻为守

诸葛亮当军师——足智多谋

诸葛亮的丑妻——家中宝

诸葛亮六出祁山——有劳无功

诸葛亮骑木马——能说不能行

诸葛亮弹琴退仲达——临危

不乱

诸葛亮用空城计——迫不得已

猪八戒败阵——倒打一耙

猪八戒背稻草——要人没人，要货没货

猪八戒背稻草——要人无人，要才(财)无才(财)

猪八戒吃炒肝——自残骨肉

猪八戒吃面条——狼吞虎咽

猪八戒吃人参果——囫囵吞

猪八戒吃西瓜——独吞

猪八戒吃小枣——囫囵吞

猪八戒初进高家庄——装好汉

猪八戒穿皮袄——死皮赖脸

猪八戒吹牛——大嘴说大话

猪八戒戴花——自我欣赏

猪八戒戴眼镜——冒充斯文

猪八戒的钉耙——倒打一耙

猪八戒的嘴——贪吃贪喝

猪八戒驾云——大显身手

猪八戒见到高小姐——改头换面

猪八戒见了白骨精——垂涎三尺

猪八戒十八变——没有一副好嘴脸

猪八戒耍把势——倒打一耙

猪八戒弹弦子——自鸣得意

猪八戒讨老婆——高兴一时是一时

猪八戒掀门帘——出头露面

猪八戒笑孙猴——不知自丑

猪八戒绣花——粗中有细

猪八戒寻媳妇——痴心妄想

猪八戒照镜子——里外不是人

猪鼻子插大葱——装相(象)

猪苦胆扔井里——苦得深

猪头挂在花椒树上——肉麻

猪头抹黄连——苦恼(脑)

猪往前拱,鸡往后扒——各有各的门道

猪油倒进水缸里——昏(荤)啦

竹虫咬断竹根——同归于尽

竹竿测天——难办

竹竿撑舰艇——划不来

竹竿赶鸭子——呱呱叫

竹竿敲竹筒——空想(响)

竹竿上睡觉——翻不了身

竹竿伸鸡窝——捣蛋

竹竿捅马蜂窝——乱套了

竹林里放纸鸢——胡搅蛮缠

竹林里挂灯笼——高风亮节

竹林里跑马——施展不开

竹林试犁——寸步难行

竹林耍大刀——打不开场面

竹林里栽柏树——亲(青)上加亲(青)

竹笼里的凤凰——有翅难飞

竹笼抬猪——露了蹄

竹篓里捉螃蟹——手到擒来

竹篾绑竹子——自己捆自己

竹筒里点蜡烛——照管

竹筒做枕头——两头空

竹筒做枕头——两落空

竹席上晒甘蔗——甜蜜(篾)

竹叶青打喷嚏——满嘴放毒

竹子扁担挑竹筐——碰上自家人

竹子当鼓——敲竹杠

竹子开花——断子绝孙

竹子做笛——受不完的气

竹子做篱笆——结缘(圆)

竹子做箫——生就的材料

煮豆燃豆萁——自家人整自家人

煮坏的饺子——露馅

煮熟的饭不吃——闷(焖)起来了

煮熟的红枣——虚胖

煮熟的鸭子——飞不了

抓把兔子草喂骆驼——不是好料

抓把朱砂当红土——装贱

抓蜂吃蜜——恬(甜)不知耻(刺)

抓了芝麻丢西瓜——主次不分

抓住荷叶摸到藕——追根到底

抓住渔船当鞋穿——大手大脚

砖头砌墙——后来居上

砖头上钉钉子——过得硬

砖窑里失火——谣言(窑烟)

砖窑旁边盖楼房——就地取材

庄户人办事——实实在在

庄稼人刨地——土里土气

庄稼人种豆子——步步有点

庄稼人种五谷——土生土长

桌上的油灯——不点不明

桌子底下打拳——出手不高

桌子底下扬场——碰上碰下

桌子缝里舔芝麻——穷相毕露

桌子光剩四条腿——丢面子

捉哈蟆买烟吸——水里来,火里去

捉鱼拦上游——先下手为强

捉住驴子当马骑——不识货

啄木鸟翻跟头——卖弄花屁股

啄木鸟飞上黄连树——自讨苦吃

啄木鸟上供桌——卖弄自己

啄木鸟死在树窟窿里——吃了嘴的亏

啄木鸟修房子——斗嘴劲

啄木鸟找食——全凭一张嘴

紫茄子开黄花——变种

紫心萝卜——红透了

自大加一点——变臭了

自个打嘴巴——自己跟自己过不去

自鸣钟的摆——摇摆不定

自行车爆胎——气炸了

自行车上陡坡——推一推,动一动

自行车胎放了气门心——松了一口气

自行车下坡——不睬(踩)

自行车下田坎——得过且过

自由市场的买卖——讨价还价

走到渡口打转身——想不过

走道嗑瓜子——两不耽误

走道闻见臭味儿——离死(屎)不远

走过的路上不长草——太毒了

走路看脚印——过分小心

走路拾馒头,摔跟头捡票子——想得倒美

走路拾元宝——机会难得

走路算账——财迷转向

走路拄双拐——求稳

祖孙回家——返老还童

祖宗堂里供菩萨——神出鬼没

钻进风箱的耗子——受不完的气

钻在水道眼里叹息——低声下气

攥着金条进棺材——舍命不舍财

攥着拳头过日子——憋得难受

嘴巴搁在锅台上——光等吃

嘴巴含匕首——出口伤人

嘴巴含钢针——说话带刺

嘴巴两张皮——咋说咋有理

嘴巴咧到耳朵上——合不拢嘴

嘴巴一张,看得见肚肠——一贫如洗

嘴吃肉,手沾油——受连累

嘴唇上贴膏药——免开尊口

嘴含盐巴望天河——远水不解近渴

嘴里盛下猪头——好大的口

嘴里嗑瓜子——吞吞吐吐

嘴里含冰棍——讲风凉话

嘴里嚼大葱——说话带辣味

生动形象的中华歇后语

嘴里衔灯草——说得轻巧

嘴皮子抹白糖——甜言蜜语

嘴请客,手关门——假仁假义

嘴上抹糨糊——不好开口

嘴上抹石灰——白说

嘴上抹猪油——油嘴滑舌

嘴咬肚脐——够不着

醉汉过铁索桥——上晃下摇

醉汉开车——不要命

醉汉骑驴——东倒西歪

醉汉撒酒疯——无理取闹

醉汉上街——东倒西歪

醉后杀人——罪(醉)上加罪

醉雷公——胡批(劈)

醉翁之意不在酒——另有所图

作坊里的石磨——推一推,动一动

作揖抓脚背——一举两得

作家的书包——里面大有文章

左耳朵进,右耳朵出——耳旁风

左脚穿着右脚鞋——错打错处来

左撇子使筷子——别别扭扭

左撇子写字——不顺手

左手喇叭右手鼓——自吹自擂

左右都能穿的靴子——没反正

坐车不买票——白搭

坐船看大戏——走着瞧

坐等吃烤鸭——急于求成

坐而论道——能说不能行

坐飞机打靶——高标准

坐飞机讲哲学——高谈阔论

坐飞机聊天——空谈

坐飞机撵西北风——大出风头

坐飞机扔相片——丢人不知深浅

坐飞机写文章——高论

坐飞机演讲——空话连篇

坐火箭背喇叭——吹上天了

坐火箭上月球——远走高飞

坐汽车拿鞭子——老赶

坐在茶馆乱摆手——胡(壶)来

坐在锅边吃煎米粑——急于求成

坐在井沿上放屁——臭得不浅

坐在钱眼里摸钱边——财迷心窍

做冰棍掺沙子——寒碜

做大衣柜不安拉手——抠门

做了皇帝想成仙——欲无止境

做梦被老虎咬伤——虚惊一场

做梦变蝴蝶——想入非非(飞飞)

做梦吃饺子——想得香

做梦吃黄连——想得苦

做梦吃酒席——痴心妄想

做梦吃馒头——梦里见面

做梦当长工——想得苦

做梦捡金条——财迷

做梦见阎王——死去活来

做梦进棺材——想死

做梦漂洋过海——想得宽

做梦推磨子——想转了

生动形象的中华歇后语